HOW TO

新일본어 능력시험

N3

청해편

HOW TO 일본어능력시험 N3 - 청해편

지은이 문광자·오타 요시에·키다 카요코·이나가와 유우키
펴낸이 안용백
펴낸곳 (주)넥서스

초판 1쇄 인쇄 2011년 3월 25일
초판 1쇄 발행 2011년 3월 30일

출판신고 1992년 4월 3일 제311-2002-2호
121-840 서울시 마포구 서교동 394-2
Tel (02)330-5500 Fax (02)330-5555

ISBN 978-89-5797-579-4 18730
      978-89-6000-965-3 18730(세트)

가격은 뒤표지에 있습니다.
잘못 만들어진 책은 구입처에서 바꾸어 드립니다.

www.nexusbook.com
넥서스Japanese는 (주)넥서스의 일본어 전문 브랜드입니다.

新일본어
능력시험

문광자·오타 요시에·키다 카요코·이나가와 유우키 지음

청해편

N3

넥서스 JAPANESE

머리말

여러분 청해 문제는 자신 있습니까?

'독해는 어떻게든 할 수 있겠는데 청해는 도무지 자신이 없다'는 분이 있는 반면 '독해보다 청해 쪽이 편하다. 청해는 자신이 있다'는 분도 계실 것입니다.

청해에 자신이 없는 분 중에는 '잘하는 사람은 천성적으로 어학적인 센스가 있고 귀가 좋기 때문이다. 난 그런 재능이 없다'고 생각하는 분이 의외로 많습니다. 하지만 이제 안심하세요. 청해는 그저 편하게 '듣기'만 하면 됩니다. 회화를 잘하든 못하든 그런 것과는 상관이 없으며, 들은 대로 발음하지 못해도 상관 없습니다. 문제를 잘 듣고 질문을 풀기 위해 필요한 것만 이해할 수 있다면 누구나 정답을 고를 수 있습니다.

시험 삼아 교재의 스크립트를 읽어 보세요. 한국어 번역을 읽어 보시면 아시겠지만, 이 정도의 회화라면 어려운 단어가 나왔다 해도, 그리고 듣다가 얼떨결에 놓친 단어가 있었다 해도, 무슨 이야기인지 모를 일은 없을 것입니다.

신일본어능력시험 N3 레벨에서 요구되는 것은 '일상적인 장면에서 어느 정도 자연스러운 속도로 말하는 대화를 듣고, 이야기의 구체적인 내용을 등장 인물들의 관계성 등과 맞추어보면서 대부분 이해할 수 있다'라는 것입니다. 시험 문제의 회화는 자연스러운 속도보다 조금 더 느린 속도로 말하므로 긴장을 풀고 잘 귀를 기울여 보면 충분히 알아들 수 있을 것입니다.

이 책은 새로운 일본어능력시험 출제 경향을 분석연구하여, 폭넓은 내용에서 다양한 종류와 다양한 장면을 접하고 자연스러운 회화체에 익숙해질 수 있도록 만들어졌습니다. 청해 시험에 대한 대책으로서 질 좋은 문제를 될 수 있는 대로 많이 풀어 보는 것이 최선책이 아닐까요?

지금 이 교재를 손에 든 청해를 어려워하는 여러분도, 한 권을 모두 마쳤을 때에는 일본어능력시험 청해 문제의 패턴에 익숙해져서 여유를 가지고 청취를 할 수 있게 될 것입니다. 마지막까지 모두 끝내고 실전 시험에 임한다면 생각한 것보다 쉬웠다는 인상을 받을 거라고 생각합니다. 그와 동시에 청해에 약하다는 의식은 사라질 것입니다. 또한 청해에 자신이 있는 분은 문제가 더욱 더 쉽게 풀린다고 느껴질 것입니다.

N3 교재를 모두 마친 분은 N2 교재로 넘어가세요. N2부터는 회화 속도가 조금 빨라집니다. 하지만 빠른 속도에 익숙해지면 N3 시험을 보는 것은 식은죽 먹기랍니다! 이어서 N1을 최종 목표로 삼아 끊임없이 노력하셔야겠지요?

이 책으로 공부한 여러분이 N3 시험에 합격하시는 것은 물론이고, N2, N1에 합격하셔서 성취감을 느끼실 수 있도록 저자 일동이 성원을 보냅니다. 파이팅!

저자 일동

차례

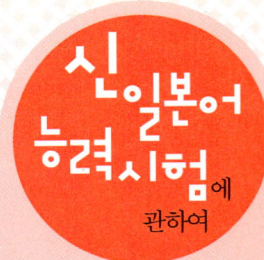

新일본어
능력시험에
관하여

1. 시험 대상, 주최, 시기

- **대상** 원칙적으로 일본어를 모국어로 하지 않는 사람을 대상으로 한다.
- **주최** 国際交流基金、日本国際教育支援協会(http://www.jlpt.or.kr) 참고
- **실시 시기** 연 2회 (매년 7월 첫째 일요일, 12월 첫째 일요일)

2. 언어 커뮤니케이션 능력을 측정한다.

新시험에서는 문자/어휘/문법과 같은 언어 지식과, 이러한 언어 지식을 이용한 읽기와 듣기를 통해 과제 수행을 위한 언어 커뮤니케이션 능력을 측정한다.

新시험에서는 '과제 수행을 위한 언어 커뮤니케이션 능력'을 아래와 같이 '언어 지식', '독해', '청해'의 세 가지로 나누어 측정한다.

언어 지식	과제 수행에 필요한 일본어 문자/어휘나 문법에 관한 지식
독해	언어 지식을 이용하면서 문자 텍스트를 이해하여 과제를 수행하는 능력
청해	언어 지식을 이용하면서 음성 텍스트를 이해하여 과제를 수행하는 능력

*해답은 다지 선택(객관식)에 의한 마크시트 방식(OMR카드)으로 시행한다. 직접 말하거나 쓰는 능력을 측정하는 시험 과목은 없다.

3. 5단계 레벨

新시험에서는 레벨을 기존 4단계(1급, 2급, 3급, 4급)에서 5단계(N1, N2, N3, N4, N5)로 늘렸다. 크게 달라진 점은 현행 시험의 2급과 3급 사이에 N3 레벨을 새롭게 만든 것이다.

〈新일본어능력시험(2010년부터 시행)〉

레벨	개정 인정 기준		개정전 인정 기준
N1	기존 1급보다 조금 어려운 수준. 합격 라인은 기존 시험과 거의 동일함	1급	고도의 문법 · 한자(약 2,000자) · 어휘(약 10,000어)를 습득하여, 사회 생활이 가능한 수준. 대학에서 학습 · 연구가 가능한 종합적인 일본어 능력(약 900시간 학습한 레벨)
N2	기존 2급 수준	2급	다소 수준 있는 문법 · 한자(약 1,000자) · 어휘(약 6,000어)를 습득하여 일반적인 회화가 가능하며 읽고 쓸 수 있는 능력(약 600시간 학습하고 중급 일본어 코스를 마친 레벨)
N3	기존 2급과 3급의 사이 수준 (신설 급수)		
N4	기존 3급	3급	기본적인 문법 · 한자(약 300자 정도) · 어휘 (약 1,500어 정도)를 습득하여 일상적인 회화가 가능하며 간단한 문장을 읽고 쓸 수 있는 능력(약 300시간 학습하고 초급 일본어 코스를 마친 레벨)
N5	기존 4급	4급	초보적인 문법 · 한자(약 100자 정도) · 어휘(약 800어)를 습득하여, 일상적인 회화가 가능하며 간단한 문장을 읽고 쓸 수 있는 능력(약 150시간 학습하고 초급 일본어 코스를 마친 레벨)

*N은 NIHONGO, NEW를 뜻함

4. 검정의 목표

레벨	검정 목표
N1	**다양한 상황에서 사용하는 일본어를 이해할 수 있다.** 読む ● 폭넓은 화제에 관해 쓴 신문 논설, 평론 등 논리적이고 약간 복잡한 문장이나 추상적인 문장을 읽고, 문장의 구성이나 내용을 이해할 수 있다. ● 내용이 다양한 화제로 이루어져 있으며 깊이가 있는 글을 읽고, 이야기 흐름이나 표현 의도를 이해할 수 있다. 聞く ● 폭넓은 상황에서 쓸 수 있는 회화나 뉴스, 강의를 자연스러운 속도로 듣고, 이야기의 흐름이나 내용, 등장인물의 관계나 내용의 논리 구성 등을 상세하게 이해하거나, 요지를 파악할 수 있다.
N2	**일상생활에서 사용하는 일본어를 이해하며, 추가적으로 보다 폭넓은 상황에서 쓰이는 일본어를 어느 정도 이해할 수 있다.** 読む ● 폭넓은 화제에 관해 쓴 신문이나 잡지 기사 · 해설, 평이한 평론 등, 논지가 명쾌한 문장을 읽고 문장의 내용을 이해할 수 있다. ● 일반적인 화제에 관한 글을 읽고, 이야기의 흐름이나 표현 의도를 이해할 수 있다. 聞く ● 일상적인 상황에 폭넓은 상황까지 더해, 거의 자연스러운 속도로 회화나 뉴스를 듣고, 이야기의 흐름이나 내용, 등장인물의 관계를 이해하거나 요지를 파악할 수 있다.
N3	**일상적인 장면에서 쓰는 일본어를 어느 정도 이해할 수 있다.** 読む ● 일상적인 화제에 관해 쓴 구체적인 내용을 나타낸 문장을 읽고 이해할 수 있다. ● 신문의 표제 등에서 정보의 개요를 파악할 수 있다. ● 일상에 자주 등장하는 범위 안에서 난이도가 조금 높은 문장이라면, 바꿔 말할 수 있는 표현이 주어졌을 때 요지를 이해할 수 있다. 聞く ● 일상적인 상황에서, 조금 자연스러운 속도의 회화를 듣고 이야기의 구체적인 내용을 등장인물의 관계 등에 맞춰서 거의 이해할 수 있다.
N4	**기본적인 일본어를 이해할 수 있다.** 読む ● 일상생활 속에서 기본적인 어휘나 한자로 쓴 친숙한 화제의 문장을 읽고 이해할 수 있다. 聞く ● 일상적인 상황에서 조금 천천히 말하는 회화라면 내용을 거의 이해할 수 있다.
N5	**기본적인 일본어를 어느 정도 이해할 수 있다.** 読む ● 히라가나와 가타카나, 일상생활에서 쓰는 기본적인 한자로 쓴 정형적인 어구나 글, 문장을 읽고 이해할 수 있다. 聞く ● 교실이나 신변 등, 일상생활 중에서도 자주 만나는 장면에서 천천히 이야기하는 짧은 회화라면 알아들을 수 있다.

신일본어능력시험에 관하여

5. 시험 과목과 득점 범위

레벨	시험 과목		시험시간	득점 범위
N1	1교시	언어 지식(문자 · 어휘, 문법)	110분	0~60점
		독해		0~60점
	2교시	청해	60분	0~60점
	누계		170분	0~180점
N2	1교시	언어 지식(문자 · 어휘, 문법)	105분	0~60점
		독해		0~60점
	2교시	청해	50분	0~60점
	누계		155분	0~180점
N3	1교시	언어 지식(문자 · 어휘)	30분	0~60점
	2교시	언어 지식(문법), 독해	70분	0~60점
	3교시	청해	40분	0~60점
	누계		140분	0~180점
N4	1교시	언어 지식(문자 · 어휘)	30분	0~120점
	2교시	언어 지식(문법), 독해	60분	
	3교시	청해	35분	0~60점
	누계		125분	0~180점
N5	1교시	언어 지식(문자 · 어휘)	25분	0~120점
	2교시	언어 지식(문법), 독해	50분	
	3교시	청해	30분	0~60점
	누계		105분	0~180점

* N1, N2, N3에서는 〈언어 지식(문자, 어휘, 문법)〉, 〈독해〉, 〈청해〉의 득점 범위는 각각 0~60점으로, 세 개를 합한 종합 득점의 범위는 0~180점이다. 〈언어 지식(문자, 어휘, 문법)〉, 〈독해〉, 〈청해〉가 종합 득점에서 차지하는 비율은 1 : 1 : 1이다.

* N4, N5에서는 〈언어 지식(문자, 어휘, 문법), 독해〉의 득점 범위는 0~120점, 〈청해〉의 득점 범위는 0~60점으로, 두 개를 합한 종합 득점의 범위는 0~180점이다. 〈언어 지식(문자, 어휘, 문법), 독해〉와 〈청해〉의 종합 득점에서 차지하는 비율은 2 : 1이 된다. 즉, 〈언어 지식(문자, 어휘, 문법) , 독해〉의 득점은 〈언어 지식(문자, 어휘, 문법)〉과 〈독해〉로 나눌 수 없다.

6. N3 시험 내용 분석

시험 과목 (시험 시간)	영역	소구분		문제 수	문제의 구성
언어지식 (30분)	**문자· 어휘**	1	한자 읽기 ◇	8	한자로 쓰인 단어의 읽는 방법을 묻는다
		2	표기 ◇	6	히라가나로 쓰인 단어를 한자로 어떻게 쓰는지 묻는다
		3	문맥 규정 ○	11	문맥에 따라 규정되는 알맞은 뜻의 단어가 무엇인지 묻는다
		4	유의어 ○	5	출제된 단어나 표현과 의미적으로 가까운 단어나 표현을 묻는다
		5	용법 ○	5	출제어가 문장 안에서 어떻게 쓰였는지 묻는다
언어지식· 독해 (70분)	**문법**	1	문의 문법 1 (문법 형식의 판단) ○	13	문장 내용에 맞는 문법 형식인지 판단할 수 있는가 묻는다
		2	문의 문법 2 (문장의 구성) ◆	5	문장 구조가 바르고, 의미가 통하게 구성할 수 있는지 묻는다
		3	문장의 문법 ◆	5	글의 흐름에 맞는 문장인지 판단할 수 있는지 묻는다
	독해	4	내용 이해(단문) ○	4	생활, 업무 등 여러 가지 화제를 포함하여 설명문이나 지시문 등 150~200자의 텍스트를 읽고 내용을 이해할 수 있는가 묻는다
		5	내용 이해(중문) ○	6	새로 쓴 해설, 에세이 등 약 350자의 텍스트를 읽고 인과 관계나 이유, 개요나 필자의 생각 등을 이해할 수 있는지 묻는다
		6	주장 이해(장문) ◇	4	해설, 에세이, 편지 등 약 550자의 텍스트를 읽고 개요나 논리 전개 등을 이해할 수 있는지 묻는다
		7	정보 검색 ◆	2	광고, 팸플릿, 정보지, 비즈니스 문서 등의 정보 소재(약 600자) 속에서 필요한 정보를 찾아낼 수 있는지 묻는다
청해(40분)		1	과제 이해 ◇	6	텍스트를 듣고 내용을 이해할 수 있는지 묻는다 (구체적인 과제 해결에 필요한 정보를 듣고, 다음에 무엇을 하는 것이 적당한지 이해할 수 있는가 묻는다)
		2	포인트 이해 ◇	6	텍스트를 듣고, 내용을 이해할 수 있는지 묻는다 (사전에 제시된 상황 설명이나 질문을 근거로 포인트를 압축하여 들을 수 있는지 묻는다)
		3	개요 이해 ◇	3	텍스트를 듣고, 내용을 이해할 수 있는지 묻는다 (텍스트 전체에서 화자의 의도나 주장 등을 이해할 수 있는지 묻는다)
		4	발화 표현 ◆	4	그림을 보면서 상황 설명을 듣고 적절한 발화를 선택할 수 있는지 묻는다
		5	즉시 응답 ◆	9	질문 등의 짧은 말을 듣고 적절한 응답을 선택할 수 있는가 묻는다

◆ 기존 시험에서 출제되지 않았으나 새롭게 추가된 유형
◇ 기존 시험에서도 출제되고 있으나 형식을 부분적으로 바꾼 유형
○ 기존 시험에서도 출제되고 있는 유형

구성 및 특징

1. 각 파트별 다량의 예상 문제를 통해 신 유형 완벽 대비
철저한 유형 분석을 통해 만든 예상 문제는 실전에서 더욱 위력을 발휘한다.

2. 실전과 똑같은 구성의 파이널 모의테스트 3회 제공
마무리 점검을 통해 자신감을 갖고 실전에 대비할 수 있게 하였다.

3. 청해 능력 향상을 위한 7가지 힌트
청해 고득점을 올리기 위해 꼭 알아야 할 7가지 힌트를 제공한다.

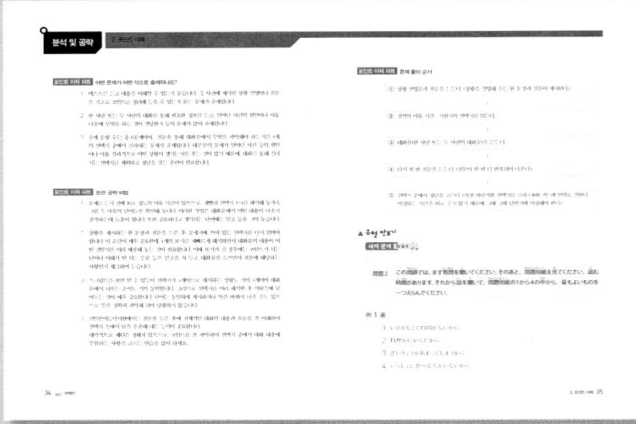

○ 분석 및 공략
각 파트별로 문제 출제 형식과 문제 공략 비법을 소개하고, 예제를 통한 유형 분석을 통해 실전 대비를 할 수 있게 하였다.

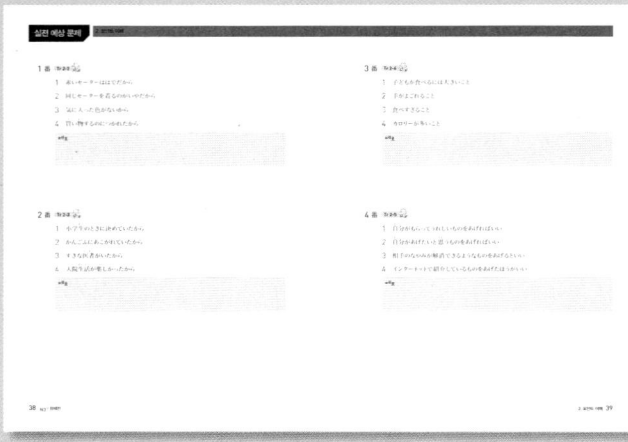

○ 실전 예상 문제
각 파트별로 실전 예상 문제를 집중적으로 접함으로써, 각 파트의 문제 유형을 파악할 수 있게 하였다.
가능한 한 시간을 정해 놓고 반복해서 풀어보는 것이 좋다.

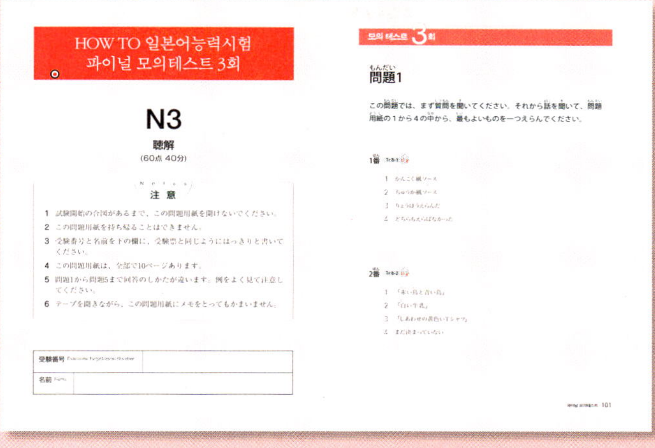

파이널 모의테스트 3회

각 파트별 학습을 끝내고 도전해 보자. 자신의 청해 실력을 총점검할 수 있는 최고의 기회이다.

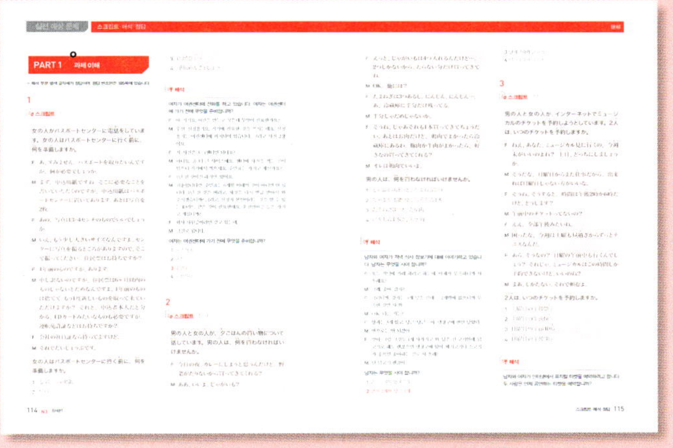

실전 예상 문제 해석 및 정답

각 파트별 실전 예상 문제를 풀어 보고 정답을 확인해 보자.

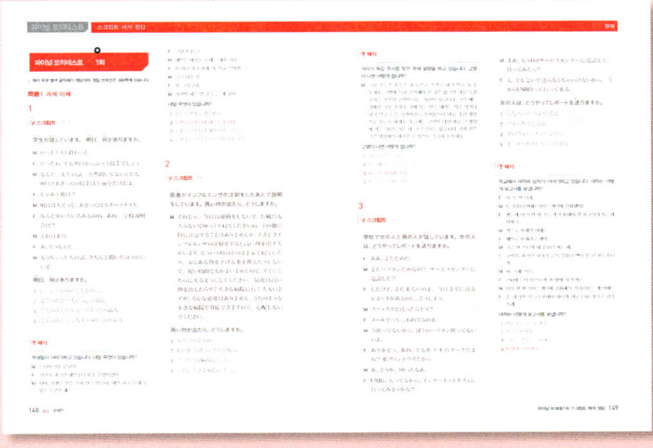

모의 테스트 해석 및 정답

파이널 모의테스트의 해석과 정답이 실려 있다. 자신이 한 해석과 비교하면서 정답을 확인해 보자.

HINT 1 대표적 축약형과 생략형

이전 일본어능력시험과 눈에 띄게 차별화된 점이 바로 청해 문제에서 대화문의 자연스러움이다. 일상생활에서 친구끼리 하는 대화, 대학교에서 학생끼리 하는 대화, 부모와 자식간의 대화, 상사와 부하직원의 대화, 거래처 사람과 전화 대화, 선생님과 학생, 혹은 선배와 후배의 대화, 아나운서의 말, 자동응답기의 말 등등 일반적으로 축약과 생략이 많이 이루어지는 대화문을 어렵지 않게 알아 들으려면 평소부터 회화체와 대화문에 익숙해야 한다.

원형	축약형	기본형 예	축약형 예
～ている	てる	待っている	待ってる 기다리고 있다
～ていない	てない	待っていない	待ってない 기다리지 않는다
～でいる	でる	飲んでいる	飲んでる 마시고 있다
～でいない	でない	飲んでいない	飲んでない 마시지 않는다
～ておく	とく	やっておく	やっとく 해두다
～でおく	どく	読んでおく	読んどく 읽어 두다
～ていく	てく	持っていく	持ってく 가져가다
～でいく	でく	飲んでいく	飲んでく 마시고 가다
～てしまう	ちゃう	寝てしまう	寝ちゃう 자버리다
～てしまった	ちゃった	食べてしまった	食べちゃった 먹어 버렸다
～でしまう	じゃう	読んでしまう	読んじゃう 읽어 버리다
～でしまった	じゃった	読んでしまった	読んじゃった 읽어 버렸다
～では	じゃ	では、また	じゃ、また 그럼, 또 봐(만나)
～てはいけない	ちゃいけない	してはいけない	しちゃいけない 해서는 안 된다
～ても	たって	安くても買わない	安くたって買わない 싸도 안 산다
～でも	だって	いつでもいい	いつだっていい 언제든 좋다
～なくては	なくちゃ	片付けなくては	片付けなくちゃ 정리해야지
～なければ	なきゃ	買わなければ	買わなきゃ 사야지

〜てしまわなければ	ちゃわなくちゃ	やってしまわなければ	やっちゃわなくちゃ 해 버려야지
〜ではいけない	じゃいけない	呼んではいけない	呼んじゃいけない 불러서는 안 된다
ない	ん	来ないかもしれない	来ないかもしれん 오지 않을지도 모른다
ら	ん	分からない	分かんない 모른다, 몰라
り	ん	足りない	足んない 부족해
る	ん	来るの？	来んの？ 와?
れ	ん	こんな所にいられない	こんなとこにいらんない 이런 데 못 있겠다
の	ん	ここのところ	ここんとこ 요즘
		行きたいもの	行きたいもん 가고 싶은 걸
のだ	んだ	行くのだ	行くんだ 가(는 거야)
ので	んで	行くので	行くんで 가서, 가기 때문에
る、ろ	ん	何してるの	何してんの 뭐해?
		どうするの	どうすんの 어떻게 해?
と、という、というのは	って、ってのは	結婚するという話だよ 行くと言っていました	結婚するって話だよ 결혼한대 行くって言ってました 간다고 했어요 行くって 간대
だそうだ	だって	明日は雨だそうだ	明日は雨だって 내일은 비가 온대
ということ	とのこと	休みだということです	明日は休みだとのこと 내일은 쉬는 날이라고 함
れは、れば	りゃ	これは、それは、あれは	こりゃ、そりゃ、ありゃ 이건, 그건, 저건
		考えれば	考えりゃ 생각하면
		やらなければ	やらなけりゃ 하지 않으면

※ 축약 및 생략 표현들은 전체적으로 위와 같은 규칙에 따라 축약, 생략된다.
　하지만, 축약이나 생략뿐만 아니라 형태가 바뀌는 말도 많기 때문에 실제로 자연스러운 회화문을 자주 들어야 하며, 드라마 등을 통해 대사나 여러 상황의 대화를 많이 접해 보는 것도 좋은 방법 중의 하나이다.

📑 HINT 2   조사의 생략

허물없는 사이에는 「を」는 생략하고 말할 때가 많다. 앞뒤 문장 내용으로 보아 뜻이 분명하고 혼동되지 않을 때는 「が」, 「に/へ (行く)」 등도 생략한다. 글의 주제를 나타내는 「は」도 회화에서는 흔히 생략한다.

F　どうしたの? 顔色 (が) 悪いね。

M　何でもないよ。

F　仕事 (を) やめて、早く家 (に/へ) 帰ったほうがいいんじゃない?

M　ちょっと疲れてるだけだよ。心配いらないよ。

母　昨日の試験 (は) どうだった?

娘　まあまあね。　　　　　　　　　　　　　　　　　　　* 괄호 안은 생략되어 있는 조사

📑 HINT 3   단축 구문

가족이나 친구와 이야기할 때는 문장을 끝까지 말하지 않아도 뜻이 통하므로 짧은 형태로 말하게 된다. 시험에서는 이와 같은 단축 구문이 주자 나오기 때문에 꼭 익혀 두어야 한다.

---

① 부탁이나 가벼운 명령 표현	・〜てください。	→	〜て。
	・〜ないでください。	→	〜ないで。
② 권하는 표현	・〜てはどうですか。	→	〜ては?
	・〜たらどうですか。	→	〜たら?
	・〜ばどうですか。	→	〜ば?
③ 책임이나 의무 표현	・〜なければならない。	→	〜なければ。
	・〜なきゃならない。	→	〜なきゃ。
	・〜なくてはいけない。	→	〜なくては。
	・〜なくちゃいけない。	→	〜なくちゃ。
	・〜ないといけない。	→	〜ないと。
④ 남에게 들은 것을 말할 때 표현	・〜と聞きました。	→	〜って。
	・〜と言いました。	→	〜って。
	・あの店は有名だと聞きました。	→	あの店(は)有名だって。
	・明日学校を休むと言いました。	→	明日学校(を)休むって。
⑤ 되묻거나 설명을 원하는 표현	・〜というのは何ですか。	→	〜って?
	・〜と言いましたか。	→	〜って?
	・アイフォンって何ですか。	→	アイフォンって?
	・就職したと言いましたか。	→	就職したって?
	・〜さん、就職したそうですね。	→	〜さん、就職したって?

HINT 4 어순의 변화

대화 중에는 말의 순서가 바뀔 때가 있는데 이는 가장 전하고 싶은 것이나 상대가 듣고 싶어하는 것을 먼저 말하고자 하기 때문이다.

① 의문사가 문장의 처음에 올 때

· それは何？　→　何、それ？

· うちの犬はどこへ行ったんだろう。→　どこ行ったんだろう、うちの犬。

② 감정을 나타내는 말이 문장의 처음에 올 때

· 合格してよかったね。→　よかったね、合格して。

· そんなことはしたくない。→　したくない、そんなこと。

③ 결론을 먼저 말하고 나중에 이유를 덧붙일 때

· 試験前だから忙しいんだよ。→　忙しいんだよ、試験前だから。

④ 부사나 부사구가 문장의 끝에 올 때

· いったいどうしたの？　→　どうしたの、いったい？

HINT 5 애매한 표현

회화체에서 하나의 예만을 제시하거나 듣는 사람의 상상에 맡길 때 쓰이는 대표적인 것으로는 「とか」, 「たり」, 「し」, 「なんか」 등이 있다.

① 명사 + ～なんか	A 何にする？
	B ハンバーガーなんかどう？
② 명사+～でも	A 友達とけんかでもしたの？
	B ううん、けんかなんかしてないよ。
③ 명사·형용사·동사+～とか	A ねえ、君、恋人とかいるの？
	B さあ、どうでしょう。
④ 명사·형용사·동사+～たり	A パーティーはどうだった？
	B ゲームしたりして楽しかったよ。
⑤ 명사·형용사·동사+～し	A バイト、やることにしたの？
	B うん、暇だし。

HINT 6   즉시 응답 파트 출제 예상 표현

1　A コーヒー、もう一杯いかがですか。커피 한 잔 더 어떠세요?
　　B いただきます。네, 주세요.

2　A やあ、しばらく。야~ 오랜만이네.
　　B あ、先生、ごぶさたしております。어, 선생님, 오래간만이에요.

3　A いつ日本にいらっしゃったんですか。언제 일본에 오셨어요?
　　B 三ヶ月前に参りました。3개월 전에 왔어요.

4　A あした、ちょっと休みたいんだけど…。내일 좀 쉬고 싶은데….
　　B えっ、どうして? 어, 왜?

5　A 風邪はどう? なおった? 감기는 어때? 다 나았어?
　　B まだ調子悪くて。아직 (컨디션이) 안 좋아.

6　A 昨日のメールの返事、どうした? 어제 받은 메일의 답장 어떻게 됐어?
　　B あ、まだ送ってません。참, 아직 안 보냈어요.

7　A あの、あしたのテスト、どうしても受けなくちゃいけませんか。저, 내일 시험, 꼭 봐야 하나요?
　　B ええ、必ず受けてください。네, 꼭 보세요.

8　A もう少し使いやすいのがほしいんですが。조금 더 쓰기 편한 것이 좋은데요.
　　B それなら、これが便利ですよ。그렇다면 이게 편리해요.

9　A この仕事、ぜひ私にやらせてもらえませんか。이 일, 제가 꼭 하고 싶은데 할 수 없을까요?
　　B では、お願いできますか。그럼 부탁할게요.

10　A ねえ、田中君のこと、聞いた? 있잖아, 다나카 군에 대한 얘기 들었어?
　　B え、何かあったの? 왜, 무슨 일 있었어?

11 A きれいなセーターですね。プレゼントですか。예쁜 스웨터네요. 선물 받은 거예요?

B ええ、友達にもらったんです。네, 친구한테 받았어요.

12 A すみません、部長。この書類、見ていただけませんか。저기 부장님. 이 서류 좀 봐 주세요.

B 今から会議だから、後にしてくれるかな。지금 회의 들어가니 나중에 가져오게.

13 A こちらにはいつ頃いらっしゃるんですか。여기는 언제쯤 오셔요?

B 来週伺う予定です。다음 주에 찾아뵐 예정입니다.

14 A 明日３時にお伺いしてもよろしいでしょうか。내일 3시에 찾아뵈어도 될까요?

B もう少し早く来られませんか。조금 더 일찍 올 수 있나요?

15 A やっと終わりましたねえ。드디어 끝났네요.

B ええ、大変でしたねえ。네, 고생하셨어요.

16 A 見て、あの作品。봐 봐. 저 작품.

B どうやったらあんなに上手にできるんだろ？ 어떻게 하면 저렇게 잘 만들 수 있지?

17 A バス、なかなか来ませんねえ。버스가 좀처럼 안 오네요.

B ええ、遅いですねえ。네, 늦네요.

18 A どう？ これ。似合う？ 어때? 이거. 잘 어울려?

B こっちのほうがいいんじゃない？ 이쪽이 낫지 않나?

19 A 昨日はゆっくりお休みになれましたか。어제는 안녕히 주무셨어요?

B ええ、もうぐっすり。네, 아주 푹 잤어요.

20 A すみません。家具売り場はどこですか。저기요. 가구 매장은 어디예요?

B そのエスカレーターの右です。그 에스컬레이터 오른쪽이에요.

21 A 海外旅行したいね。해외여행 가고 싶어.

B 行けるとしたら、どこ行きたい? 갈 수 있다면 어디 가고 싶어?

22 A すみません、コピーさせてもらっていいですか。저기요, 복사해도 되나요?

B いえ、生徒さんは使えませんよ。아니요, 학생은 사용할 수 없어요.

23 A 何か冷たいものでも飲みませんか。뭐 차가운 거라도 마시지 않을래요?

B いいえ、私はけっこうです。아니요, 저는 괜찮아요.

24 A 時間があったら、お茶でもしませんか。시간 있으면 차라도 마실래요?

B すみません、今日はちょっと。미안해요. 오늘은 좀.

25 A これ、ちょっと貸してくれない? 이거 좀 빌려 줄래?

B いいよ。今使ってないから。그래. 지금 안 쓰니까.

26 A あのう、お聞きしたいことがあるのですが。저, 여쭤보고 싶은 게 있는데요.

B はい、何でしょう。네, 뭔가요?

27 A 悪いけど、これコピーとっといてくれる? 미안한데, 이거 좀 복사해 줄래?

B はい、これが終わってからでいいですか。네, 이걸 하고 나서 해도 될까요?

28 A ひきだしの中に何かあった? 서랍 속에 뭔가 있었어?

B ううん、なんにもないよ。아니, 아무 것도 없어.

29 A どう、おいしい? 어때? 맛있니?

B うん、でもちょっとうすくない? 응, 근데 좀 싱겁지 않아?

30 A 何が食べたいですか。뭘 먹고 싶어요?

B そうですね。韓国料理なんかいいですね。글쎄요, 한국 음식 같은 게 좋은데요.

31 A 雨、止んだ？ 비 그쳤어?

   B 降ってるけど、そのうち止むんじゃない？ 내리고 있는데, 조만간 그칠 것 같은데?

32 A 土日は何してるの？ 주말에 뭐하고 지내?

   B たいてい家で昼寝したりしてるかな。 대개 낮잠 자거나 그래.

33 A ラーメンとうどんとどっちが好き？ 라면하고 우동 중에 어느 걸 좋아해?

   B どっちもあんまり。 둘 다 별로.(안 좋아해)

34 A ここ禁煙ですか。 여기는 금연인가요?

   B いえ、吸ってもかまいませんよ。 아니요, 피워도 상관없어요.

35 A 林さん、英語できます？ 하야시 씨, 영어 할 줄 알아요?

   B 話すのは苦手だけど、少しなら。 말하는 건 좀 서투르지만 조금이라면.

36 A ここからどのぐらいで行けますか。 여기에서 어느 정도면 갈 수 있어요?

   B そうですね。20分ぐらいですかね。 글쎄요. 20분 정도 걸릴 거예요.

37 A 私も手伝いましょうか。 저도 도울까요?

   B いいえ、一人で大丈夫です。 아니요, 혼자 해도 괜찮아요.

38 A きのうはどこへも遊びに行かなかったんですか。 어제는 아무데도 안 놀러 갔어요?

   B ええ、ずっと家にいました。 네, 쭉 집에 있었어요.

39 A 誰にも手伝ってもらわなかったんですか。 아무한테도 도움 안 받았어요?

   B はい、一人でやりました。 네, 혼자서 했어요.

40 A 学生はどのぐらいいるんですか。 학생은 어느 정도 있어요?

   B 20人ほどでしょうか。 20명 정도요.

HINT 7   강연이나 뉴스 등의 청해 요령

　대화문에서는 그다지 문제가 되지 않지만, 모놀로그 형식의 강연이나 뉴스를 들을 때는 고유 명사나 가타카나어의 지식의 유무는 매우 중요하다. 평소부터 일본의 지명이나 인명, 신문이나 잡지에 자주 등장하는 외래어에 대한 지식을 알고 정확하게 발음할 수 있고 알아 들을 수 있도록 연습해야 한다.

　그리고 상식이나 관용 표현은 문법적 지식과 마찬가지로 문맥을 마지막까지 정확히 듣지 않아도 문장의 의미를 추측하거나 대의를 파악하는데 도움이 되는 경우가 많으므로, 평소에 상식과 관용구 등을 충분히 공부를 하는 것이야말로 청해력 향상으로 이어지는 지름길이다.

　청해 실력은 음성적 지식과 문법적 지식, 和語(일본 고유의 말)에 대한 지식과 전문적 또는 일상적인 배경 지식, 한어 지식 등이 모두 융화되어야 향상될 수 있는 부분이다. 단순한 암기나 이해보다는 총체적인 학습이 중요한 것이 이 때문이라고 할 수 있다.

　텔레비전 뉴스나 신문에서의 표제어에 상당하는 타이틀(見出し)을 읽고 내용을 파악하는 것이 개요이해 연습에 안성맞춤이다. 그리고 대학의 강의 등에서도 항상 이야기의 논리전개 흐름이 있으므로 이러한 패턴을 학습하는 것이 요지 등을 파악하고 추출하는 능력을 촉진시키는 역할을 한다. 따라서 음성이나 화면에 나오는 뉴스는 구조를 염두에 두면서 듣고, 조금씩이라도 매일 들으며 표현을 익히고 요지를 파악하는 연습을 한다면 청해 실력 향상에 큰 도움이 될 것이다.

＊ 참고

청해 연습을 위해 동영상 기사 등을 매일 체크하며 학습하면 좋다.

NHK 일본어 뉴스 사이트　　　　　　**http://www.nhk.or.jp/news/**

PART 1

과제 이해

과제 이해 파트   **어떤 문제가 어떤 식으로 출제되나요?**

1 구체적인 과제 해결에 필요한 정보를 듣고, 다음에 무엇을 해야 하는지 묻는 문제, 즉 텍스트를 듣고 내용을 이해할 수 있는지를 묻는 문제가 출제됩니다.

2 신일본어능력시험에서는 기존 시험에서 많이 출제되었던 날짜, 가격, 그래프, 순서도 등과 같이 단어를 정확하게 듣고 푸는 문제보다는, 전체적인 흐름에 따라서 문제가 요구하는 내용을 잘 파악하여 선택지에서 답을 찾아 내는 능력을 요구하는 문제가 많이 출제됩니다.

3 출제 문항 수는 총 6문제이며, 두 사람의 대화를 통해 필요한 정보를 듣고, 다음에 무엇을 하는 것이 적당한지, 과제를 이해할 수 있는지를 묻는 문제가 출제됩니다.

과제 이해 파트   **완전 공략 비법**

1 문제를 듣기 전에 10초 정도의 여유 시간이 있으므로, 재빨리 선택지 1~4를 해석해 놓거나, 그림 속 사물의 단어들을 체크해 둡니다. 이러한 작업은 대화문에서 어떤 내용이 나올지 짐작하는데 도움이 됩니다. 또한 중요하다고 생각되는 단어에는 밑줄 등을 그어 놓습니다.

2 또한 스크립트를 보면 알 수 있듯이 선택지가 4개이므로 제시하는 상황도 거의 4개이며 대화문에서 나오는 순서도 거의 동일합니다. 그러므로 선택지를 미리 해석한 후 머릿속에 넣어두는 것이 매우 중요합니다. 단어는 동일하게 제시하거나 약간 바꿔서 말할 수도 있으므로 비슷한 말로 어떻게 바뀔지 의식하면서 듣습니다.

3 대화문 속의 순서도 4개의 선택지의 순서로 나오기 때문에 들리는 대로 메모를 잘 하고, 문제에서 요구하는 것을 정확히 찾아내는 것이 중요합니다.

4 대화문이 아니라 병원의 전화 안내를 듣고 숫자를 알아듣는 문제도 역시 다음 행동을 하는 데 필요한 정보를 분별해서 듣는다는 점에서는 다른 문제와 다르지 않습니다. 어떤 문제라도 당황하지 말고 차분히 귀를 기울이면 알아들을 수 있다는 자신감을 갖고 임합시다.

과제 이해 파트　문제 풀이 순서

① 상황 설명문과 질문을 듣는다. (상황을 설명해 주는 한 문장과 질문이 제시된다.)

⇩

② 대화문을 듣는다. (보통 두 사람의 대화문이 나오며 이때 문제지에 인쇄된 그림이나 문자로 된 선택지를 보면서 듣는다.)

⇩

③ 다시 한 번 질문을 듣는다. (질문이 한 번 더 반복되어 나온다.)

⇩

④ 선택지 중에서 정답을 고른다. (가장 바람직한 선택지를 골라 OMR 카드에 연필로 칠한다. 마킹하는 시간을 따로 주지 않기 때문에 그때 그때 답안지에 마킹해야 한다.)

♠ 유형 맛보기

예제 문제 Tr 1-1

問題1　問題1では、まず質問を聞いてください。それから話を聞いて、問題用紙の1から4の中から、最もよいものを一つえらんでください。

例1番

　1　8時45分

　2　9時

　3　9時15分

　4　9時30分

스크립트

ホテルで、会社員の男の人と女の人が話しています。女の人は、明日、何時までにホテルを出ますか。

M では、明日は、9時半に事務所にいらしてください。

F はい、えーと、このホテルから事務所まで、タクシーでどのぐらいかかりますか。

M そうですね、30分もあれば着きますね。

F じゃあ、9時に出ればいいですね。

M あ、朝は道が混むかもしれません。15分ぐらい早めに出られたほうがいいですね。

F そうですか。じゃあ、そうします。

女の人は、明日、何時までにホテルを出ますか。

① 상황 설명문과 질문을 듣는다.

② 대화문을 듣는다.

③ 다시 한 번 질문을 듣는다.

해석

호텔에서 회사원 남자와 여자가 이야기하고 있습니다. 여자는 내일 몇 시까지 호텔에서 나갑니까?

M 그럼, 내일은 9시 반에 사무실에 와 주세요.

F 네, 저기, 이 호텔에서 사무실까지 택시로 어느 정도 걸리나요?

M 음, 30분이면 도착해요.

F 그럼, 9시에 나오면 되겠네요.

M 아, 아침에는 길이 막힐지도 몰라요. 15분 정도 미리 나오시는 편이 낫겠어요.

F 그래요? 그럼, 그렇게 할게요.

여자는 내일 몇 시까지 호텔에서 나갑니까?

1 8시45분   2 9시   3 9시15분   4 9시30분

풀이

남자는 여자에게 내일 9시 반에 사무실에 오라고 하였습니다. 호텔에서 사무실까지 30분이 걸리므로 9시에 나오면 됩니다. 하지만 길이 막히니까 15분 일찍 나오는 편이 좋다고 하였으므로, 8시 45분에 호텔을 나오면 시간이 맞습니다.

여자가 시간을 물었기 때문에 대답하는 남자의 말, 특히 시간에 주의하며 들읍시다.

정답_ 1 8時45分(8시 45분)

1番 Tr 1-2 🎧

1 もうしこみ用紙_{よう し}

2 写真_{しゃしん}

3 住民_{じゅうみん}ひょう

4 運転_{うんてん}めんきょしょう

메모

2番 Tr 1-3 🎧

1 じゃがいも1つと、たまねぎ3つ

2 じゃがいも2つと、にんじん1本_{ぼん}

3 たまねぎ3つと、とり肉_{にく}

4 にんじん1本_{ぼん}と、とり肉_{にく}

메모

3番 Tr 1-4 🎧

1 土曜日の午後2時

2 土曜日の午後6時

3 日曜日の午前10時

4 日曜日の午後3時

메모

4番 Tr 1-5 🎧

1 テレビを買った店に行く。

2 アンテナの位置を自分でチェックする。

3 NKKに電話して、家に来てもらう。

4 アンテナをもう1本買う。

메모

5番 Tr 1-6 🎧

1 新幹線のきっぷをよやくする。

2 おいわいのお金をじゅんびする。

3 おいわいのお金を入れるふくろを買う。

4 クリーニングに出したスーツをとってくる。

메모

6番 Tr 1-7 🎧

1 ファイルのサイズを小さくする。

2 ファイルのページすうを少なくする。

3 カラーインクを買いに行く。

4 ファイルの中にカタログを入れる。

메모

7番 Tr 1-8 🎧

1 空港のコインロッカーにあずける。

2 新宿駅のコインロッカーにあずける。

3 空港からスーツケースをホテルに送る。

4 ホテルに行ってスーツケースをあずける。

메모

8番 Tr 1-9 🎧

1 レストランの人に車でむかえに来てもらう。

2 自分で歩いて行く。

3 タクシーにのる。

4 またレストランに電話する。

메모

9番 Tr 1-10

1 30分、歌の練習をする。

2 クラブ活動をする。

3 服装をきめる。

4 体を動かす練習をする。

메모

10番 Tr 1-11

1 男の人とマジックをやる。

2 一人でマジックをやる。

3 男の人といっしょに歌う。

4 一人で歌を歌う。

메모

11 番 Tr 1-12 🎧

1 一泊して朝9時の電車で帰ってくる。

2 その日の夜おそく帰ってくる。

3 一泊してお昼ごろ帰ってくる。

4 旅行には行かない。

메모

12 番 Tr 1-13 🎧

1 木曜日の11時

2 木曜日の2時

3 金曜日の11時

4 金曜日の2時

메모

13番 Tr 1-14🎧

1　客をおうせつ室に案内する。

2　1部コピーして客に渡す。

3　10部コピーして持ってくる。

4　客にお茶を出す。

メモ

14番 Tr 1-15🎧

1　ヨーロッパへ行く。

2　むすめのために旅行しない。

3　京都に行く。

4　ホンコンに行く。

メモ

15 番　Tr 1-16

1　ゆきがふって風<small>かぜ</small>が強<small>つよ</small>い。

2　雨<small>あめ</small>がふって風<small>かぜ</small>が強<small>つよ</small>い。

3　雨<small>あめ</small>がふってから、ゆきがふる。

4　今日<small>きょう</small>より少<small>すこ</small>しあたたかい。

메모

PART 2

포인트 이해

포인트 이해 파트 어떤 문제가 어떤 식으로 출제되나요?

1　텍스트를 듣고 내용을 이해할 수 있는지 묻습니다. 즉, 사전에 제시된 상황 설명이나 질문을 기초로 포인트를 정리해 들을 수 있는지 묻는 문제가 출제됩니다.

2　한 사람 또는 두 사람의 대화를 통해 필요한 정보를 듣고, 일어난 사건의 원인이나 이유, 다음에 무엇을 하는 것이 적당한지 등의 문제가 많이 출제됩니다.

3　출제 문항 수는 총 6문제이며, 질문을 통해 대화문에서 무엇을 파악해야 하는지를 4개의 선택지 중에서 골라내는 문제가 출제됩니다. 대부분의 문제가 일어난 사건 등의 원인이나 이유, 결과적으로 어떤 상황이 생기는지를 찾는 것이 많기 때문에, 대화를 통해 걸러지는 선택지를 제외하고 정답을 찾는 훈련이 필요합니다.

포인트 이해 파트 완전 공략 비법

1　문제를 듣기 전에 10초 정도의 여유 시간이 있으므로, 재빨리 선택지 1~4를 해석해 놓거나, 그림 속 사물의 단어들을 확인해 둡니다. 이러한 작업은 대화문에서 어떤 내용이 나올지 짐작하는데 도움이 됩니다. 또한 중요하다고 생각되는 단어에는 밑줄 등을 그어 놓습니다.

2　상황을 제시하는 한 문장과 질문을 들은 후, 문제지에 쓰여 있는 선택지를 다시 읽어야 합니다. 이 순간이 매우 중요한데, 4개의 보기를 재빠르게 해석하면서 대화문의 내용이 어떤 것일지를 미리 예상해 놓는 것이 필요합니다. 이때 보기가 긴 경우에는 포인트가 되는 단어나 이해가 안 되는 부분 등은 밑줄을 쳐 두고, 대화문을 들으면서 질문에 해당하는 사항인지 체크하며 듣습니다.

3　스크립트를 보면 알 수 있듯이 선택지가 4개이므로 제시하는 상황도 거의 4개이며 대화문에서 나오는 순서도 거의 동일합니다. 그러므로 선택지를 미리 해석한 후 머릿속에 넣어두는 것이 매우 중요합니다. 단어는 동일하게 제시하거나 약간 바꿔서 나올 수도 있으므로 뜻을 정확히 파악해 둬야 당황하지 않습니다.

4　신일본어능력시험에서는 질문을 들은 후에 전체적인 대화의 내용과 흐름을 잘 이해하여 선택지 속에서 답을 추출해 내는 능력이 중요합니다.
대략적으로 패턴은 정해져 있으므로, 포인트를 잘 파악하여 선택지 중에서 대화 내용에 부합하는 사항을 고르는 연습을 많이 하세요.

문제 풀이 순서

① 상황 설명문과 질문을 듣는다. (상황을 설명해 주는 한 문장과 질문이 제시된다.)

⇩

② 잠깐의 여유 시간 : 시험지의 선택지를 읽는다.

⇩

③ 대화문(한 사람 또는 두 사람의 대화문)을 듣는다.

⇩

④ 다시 한 번 질문을 듣는다. (질문이 한 번 더 반복되어 나온다.)

⇩

⑤ 선택지 중에서 정답을 고른다. (가장 바람직한 선택지를 골라 OMR 카드에 연필로 칠한다.
   마킹하는 시간을 따로 주지 않기 때문에 그때 그때 답안지에 마킹해야 한다.)

🔔 유형 맛보기

예제 문제 Tr 2-1 🎧

問題2　問題2では、まず質問を聞いてください。そのあと、問題用紙を見てください。読む時間
　　　　があります。それから話を聞いて、問題用紙の1から4の中から、最もよいものを一つ
　　　　えらんでください。

例 1 番

1　いそがしくて時間がないから

2　料理がにがてだから

3　ざいりょうがあまってしまうから

4　いっしょに食べる人がいないから

스크립트

男の人と女の人がスーパーで話しています。男の人が自分で料理をしないのはどうしてですか。

① 상황 설명문과 질문을 듣는다.

② 시험지의 선택지를 읽는다.

F あら、田中くん、お買い物？

M うん、夕飯を買いにね。

F お弁当にサンドイッチ？ う〜ん…、自分で作らないの？ 時間ないか…。

M いや、そういうわけじゃないんだけど…。

F じゃあ、作ればいいのに。上手なんだから。こないだみんなに作ってくれた料理、すごくおいしかったよ。私は作るの苦手だから、うらやましいよ。

M 作るのは嫌いじゃないんだけど、一人だと…

F 材料が余っちゃう？

M ん〜、まぁ、それはいいんだけど、一生懸命作っても一人で食べるだけじゃ、なんか寂しくて。

F う〜ん、それもそうか。

③ 대화문을 듣는다.

男の人が自分で料理をしないのはどうしてですか。

④ 다시 한 번 질문을 듣는다.

해석

남자와 여자가 슈퍼마켓에서 이야기하고 있습니다. 남자가 직접 요리를 하지 않는 것은 어째서입니까?

F 어머, 다나카 군. 장보는 거야?

M 응, 저녁 밥을 사려고.

F 도시락에 샌드위치? 음…, 직접 안 만들어? 시간이 없나….

M 아니, 그렇지는 않은데….

F 그럼, 만들면 되잖아. 잘 하니까. 얼마 전에 우리한테 만들어 준 음식, 엄청 맛있었어. 난 잘 못 만들어서, 부럽더라.

M 만드는 걸 싫어하는 건 아닌데, 혼자서는….

F 재료가 남아서?

M 음~, 뭐, 그건 괜찮은데 열심히 만들어도 혼자서만 먹는다는 게, 왠지 쓸쓸해서.

F 응~. 그것도 그렇겠다.

남자가 직접 요리를 하지 않는 것은 어째서입니까?

1 바빠서 시간이 없기 때문에
2 요리를 못하기 때문에
3 재료가 남아버리기 때문에
4 함께 먹을 사람이 없기 때문에

📝 **풀이**

우선 질문 사항에 초점을 맞춥니다.

'시간이 없는 것도 아니고, 만드는 것을 싫어하는 것도 아니고, 재료가 남는 것도 괜찮지만…'이라는 말을 하였으므로
결국에는 '열심히 만들어도 혼자서만 먹는다는 게, 왠지 쓸쓸해서…'라고 요리를 하지 않는 이유를 말했습니다.

이유를 말할 때 자주 쓰이는 말 '〜くて(〜어서), 〜だから(〜니까), 〜なので(〜므로), 〜そういうわけで(〜라는 이유로)'
등에 주의합시다.

정답_ 4 いっしょに食べる人がいないから (함께 먹을 사람이 없기 때문에)

1番 Tr 2-2 🎧

1 赤いセーターははでだから

2 同じセーターを着るのがいやだから

3 気に入った色がないから

4 買い物するのにつかれたから

メ모

2番 Tr 2-3 🎧

1 小学生のときに決めていたから

2 かんごふにあこがれていたから

3 すきな医者がいたから

4 入院生活が楽しかったから

메모

3番 Tr 2-4

1 子どもが食べるには大きいこと

2 手がよごれること

3 食べすぎること

4 カロリーが多いこと

메모

4番 Tr 2-5

1 自分がもらってうれしいものをあげればいい。

2 自分があげたいと思うものをあげればいい。

3 相手のなやみが解消できるようなものをあげるといい。

4 インターネットで紹介しているものをあげたほうがいい。

메모

5 番 Tr 2-6 🎧

1 時間
2 テーマ
3 話し方
4 考え方

메모

6 番 Tr 2-7 🎧

1 自分のセーター
2 男の人のマフラー
3 弟のマフラー
4 男の人のセーター

메모

7番 Tr 2-8 🎧

1 お店がいそがしくて来週の金曜日は無理だから

2 すきなキャラクターのケーキがないから

3 すきなくだ物のケーキがないから

4 すきなくだ物のケーキが高いから

메모

8番 Tr 2-9 🎧

1 牛乳を飲むこと

2 魚を食べること

3 日光をあびること

4 サプリメントを飲むこと

메모

9番 Tr 2-10 🎧

1 子どもの教育問題があるから

2 安全じゃなさそうだから

3 おくさんのぐあいが悪いから

4 おくさんのお母さんのぐあいが悪いから

메모

10番 Tr 2-11 🎧

1 おくさんをよろこばせたいから

2 新しいダイエットをしたいから

3 くだものを食べるだけだから

4 おくさんに体にいいことを教えたいから

메모

11番 Tr 2-12 🎧

1　お金_{かね}があまりないから

2　安_{やす}い航空券_{こうくうけん}があるから

3　ツアー旅行_{りょこう}はスケジュールが大変_{たいへん}だから

4　ミュージカルが見_みたいから

메모

12番 Tr 2-13 🎧

1　夫_{おっと}が反対_{はんたい}しているから

2　結婚_{けっこん}したばかりだから

3　子_こどものぐあいが悪_{わる}いから

4　お母_{かあ}さんのぐあいが悪_{わる}いから

메모

13番 Tr 2-14 🎧

1　体に合うか分からないから

2　写真と色が同じか分からないから

3　ネットショップの方が高いから

4　クレジットカードを使いたくないから

> 메모

14番 Tr 2-15 🎧

1　おかしを作る時間がないから

2　自分でケーキやクッキーを作って失敗したから

3　お店で買ったほうが安いことが多いから

4　おいしいおかしが食べたいから

> 메모

PART 3

개요 이해

개요 이해 파트   **어떤 문제가 어떤 식으로 출제되나요?**

1 텍스트를 듣고 내용을 이해할 수 있는지 묻는 문제 즉, 텍스트 전체에서 화자의 의도나 주장 등을 이해할 수 있는지를 묻는 문제가 출제됩니다.

2 대학교 교수가 강연에서 말하는 테마가 무엇인지, 자동응답전화의 메시지가 무슨 내용 인지, 아나운서가 말하는 프로그램의 테마가 무엇인지, 화자가 말하는 주된 내용이 무엇 인지를 찾는 등의 문제가 주로 출제되며 한 문제 정도가 대화 형식으로 출제되는데, 대화 내용을 통해 여자나 남자가 내용에 대해 어떻게 생각하는지 등을 묻는 문제입니다.

3 출제 문항 수는 총 3문제이며, 「문제1 과제 이해」와 「문제2 포인트 이해」와는 달리, 처음에 질문이 나오지 않고, 텍스트 뒤에 질문이 한 번만 나옵니다. 개정 전의 그림 없는 문제와 비슷한 유형으로 4개의 선택지는 문제지에 쓰여 있지 않고 음성으로만 나옵니다.

개요 이해 파트   **완전 공략 비법**

1 전체적으로 중요한 내용을 메모하면서, 어떤 질문이 나오더라도 답할 수 있도록 정확히 들어야 하고, 한 사람이 하는 짧은 말을 듣고 요지를 파악해야 하므로, 평소 짧은 글의 요점을 찾는 연습을 해두면 도움이 됩니다.

2 의도나 주장, 생각, 수업 내용, 테마 등 전체적인 요점을 물으며, 보기 4개와 문제 모두가 음성으로 제시되므로 전체적인 흐름을 파악할 수 있도록 메모를 잘 해 놓아야 합니다. 보기 4개는 어렵거나 길지 않습니다.

3 반복적으로 나오는 중요한 단어는 비슷한 단어 등으로 바뀌어 계속해서 나오기도 하므 로 주의해야 합니다. 메모해 놓고 흐름을 놓치지 않게 짧은 글의 요지를 잘 파악해 둡시다.

① 상황 설명문을 듣는다. (한 문장의 상황을 설명해 주는 문장이 제시된다.)

⇩

② 텍스트를 듣는다. (전체적으로 어떤 내용인지를 주의 깊게 듣는다.)

⇩

③ 질문을 듣는다. (질문이 한 번 더 반복되어 나온다.)

⇩

④ 선택지 중에서 정답을 고른다. (1, 2, 3, 4의 선택지가 음성으로 나온다. 가장 바람직한 대답을 골라 OMR 카드에 연필로 칠한다. 추후에 마킹하는 시간을 따로 주지 않기 때문에 그때 그때 적절하게 답안지에 마킹하는 요령을 알아 두어야 한다.)

★ 유형 맛보기

예제 문제　Tr 3-1

問題3　問題3では、問題用紙に何もいんさつされていません。この問題は、ぜんたいとして、どんなないようかを聞く問題です。話の前に質問はありません。まず話を聞いてください。それから質問とせんたくしを聞いて、1から4の中から最もよいものを一つえらんでください。

例 1 番

ー メ モ ー

🔊 스크립트

女の人が友達の家に来て、話しています。

① 상황 설명문을 듣는다.

F1 田中で～す。

F2 あ、は～い。昨日友達が泊まりに来てたんで、片付いてないけど、入って。

F1 あ、でもここで。すぐ帰るから。あの～、この前借りた本なんだけど、ちょっと破れちゃって。

F2 え? 本当?

F1 うん、このページなんだけど…。

② 전체적으로 어떤 내용인지를 주의 깊게 듣는다.

F2 あっ、うん、このくらいなら大丈夫、読めるし…。

F1 ほんと、ごめん。これからは気をつけるから。

F2 うん、いいよ。ねえ、入ってコーヒーでも飲んでいかない?

F1 ありがとう。

女の人は友達の家へ何をしに来ましたか。

③ 질문을 듣는다.

1 謝りに来た。
2 本を借りに来た。
3 泊まりに来た。
4 コーヒーを飲みに来た。

④ 선택지를 듣고 답을 고른다.

🔊 해석

여자가 친구 집에 와서 이야기하고 있습니다.

F1 다나카예~요.

F2 아, 네~. 어제 친구가 자러 와서, 정리가 안 됐지만, 들어와.

F1 아, 여기서 말할게. 바로 갈 거니까. 저기~ 얼마 전에 빌린 책 말인데, 좀 찢어져서.

F2 어? 정말?

F1 어. 이 페이지인데…

F2 아, 어, 이 정도면 괜찮아, 읽을 수 있으니까….

F1 정말, 미안해. 앞으로는 조심할게.

F2 아이, 괜찮아. 있잖아, 커피라도 마시고 갈래?

F1 고마워.

여자는 친구 집에 무엇을 하러 왔습니까?

1 사과하러 왔다.　　2 책을 빌리러 왔다.　　3 묵으러 왔다.　　4 커피를 마시러 왔다.

풀이

친구가 집에 왜 왔는지를 묻는 문제입니다. 어떤 대화를 하는지를 잘 듣고 메모해 놓습니다.

책을 빌리러 온 것이 아니라, 책을 돌려주러 온 것이지요. 다만, 책이 찢어졌기 때문에 '미안하다'고 사과하고 있습니다. 커피를 마시라고 권해서 마시기로 했지만, 친구 집에 커피를 마시러 온 것은 아니므로 1번이 정답이 됩니다.

정답_ 1 謝りに来た。 (사과하러 왔다)

1 番　Tr 3-2

> 메모

2 番　Tr 3-3

> 메모

3 番　Tr 3-4

> 메모

4 番　**Tr 3-5** 🎧

メモ

5 番　**Tr 3-6** 🎧

メモ

6 番　**Tr 3-7** 🎧

メモ

7 番 Tr 3-8

메모

8 番 Tr 3-9

메모

9 番 Tr 3-10

메모

10番 Tr 3-11

메모

PART 4

발화 표현

N3

　　어떤 문제가 어떤 식으로 출제되나요?

1　장면이나 상황에 어울리는 발화를 즉시 판단할 수 있는지를 묻는 문제입니다. 인사·의뢰· 허가·요구 등의 자주 사용되는 표현을 주로 다루고 있으며, N3, N4, N5에서 출제됩니다.

2　장면이나 상황은 음성으로 된 상황 설명과 일러스트로 제시됩니다. 문제에서 요구하는 것 은 다른 청해 문제와 달리, 이야기하는 사람의 발화를 선택하는 형식으로 되어 있습니다. 실제 커뮤니케이션에서는 발화가 장면이나 상황에 맞는지를 판단하는 것도 필요한 능력 이므로, 적절한 발화를 선택지에서 고르는 문제 형식이 마련된 것입니다. .

3　출제 문항 수는 총 4문제이며, 문제지에는 일러스트만 제시되고 3개의 선택지는 음성으로 나옵니다.

　　완전 공략 비법

1　일러스트를 보면서 상황 설명을 듣고 적절한 발화를 선택해야 합니다. 따라서 일러스트를 보고 어떤 상황인지를 신속하게 예측하면서 음성으로 나오는 상황 설명문에 귀를 기울입 니다. 화살표로 가리키고 있는 사람이 뭐라고 말할지를 고르는 것이므로, 일러스트 속에 화살표가 누구를 향해 있는지도 잘 파악해 놓습니다.

2　발화는 정보 전달, 명령, 질문, 요청, 위로, 경고, 제안, 칭찬, 비난 등의 기능을 합니다. 일러 스트 상황에 어떠한 말이 적절한지 세 가지 선택지 중에서 듣고 적절한 것을 고릅니다. 선 택지 3개는 길거나 어렵지 않으므로 평소에 상황에 어울리는 예문 등을 많이 익혀 두면 도움이 됩니다.

문제 풀이 순서

① 상황 설명문을 듣고 이어지는 질문을 듣는다. (일러스트를 보며 상황을 이해한다.)

⇩

② 선택지 3개 중에서 정답을 고른다. (음성으로 제시된 선택지 3개 중 일러스트 속에 화살표로 표시되어 있는 인물이, 이 다음에 뭐라고 말할지, 가장 적절한 발화를 골라 OMR 카드에 연필로 칠한다. 추후에 마킹하는 시간을 따로 주지 않기 때문에 그 때 그 때 적절하게 답안지에 마킹하는 요령을 세워야 한다.)

★ 유형 맛보기

예제 문제 Tr 4-1 🎧

問題4　問題4では、絵を見ながら質問を聞いてください。やじるし（➡）の人は何と言いますか。1から3の中から最もよいものを一つえらんでください。

例1番

스크립트

レポートを書きました。先生に日本語を直してもらいたいです。
何と言いますか。

1 あの、日本語を直してもよろしいでしょうか。

2 あの、日本語を直してくださいませんか。

3 あの、日本語を直したいですか。

① 일러스트를 보며 상황 설명문을 듣는다.

② 선택지 3개 중에서 정답을 고른다.

해석

리포트를 썼습니다. 선생님께 일본어를 고쳐 달라고 하고 싶습니다. 뭐라고 말합니까?

1 저, 일본어를 고쳐도 괜찮으세요?

2 저, 일본어를 고쳐 주시겠습니까?

3 저, 일본어를 고치고 싶어요?

풀이

1번 '고쳐도 괜찮으세요?'는 본인이 일본어를 고친다는 뜻이 됩니다. 공손하게 부탁할 마음으로 한 말이, 반대로 틀리게 되는 경우를 자주 볼 수 있습니다. 그 밖에 '고치게 해 주세요'도 본인이 고치는 뜻이므로 틀리지 않도록 주의하세요. 정답인 2번은 직역하면 '고쳐 주실 수 없을까요?'입니다.

정답 _ 2 あの、日本語を直してくださいませんか。 (저, 일본어를 고쳐 주시겠습니까?)

1 番   Tr 4-2

メモ

2 番   Tr 4-3

メモ

3 番　Tr 4-4 🎧

메모

4 番　Tr 4-5 🎧

메모

5 番 Tr 4-6 🎧

메모

6 番 Tr 4-7 🎧

메모

7 番　Tr 4-8

메모

8 番　Tr 4-9

메모

HOW
TO

PART 5

즉시 응답

N3

분석 및 공략 | 5. 즉시 응답

즉시 응답 파트 | 어떤 문제가 어떤 식으로 출제되나요?

1 질문 등의 짧은 발화를 듣고 3개의 대답 중에서 적절한 응답을 고를 수 있는지를 묻는 문제가 출제됩니다.

2 내용이 모두 음성으로만 나오며 문제지에 아무것도 적혀 있지 않기 때문에 중요하다고 여겨지는 포인트를 메모하며 들어야 합니다. 새롭게 실시되는 형태이며 JPT 파트 2 문제와 유사한 형식의 문제입니다.

3 출제 문항 수는 총 9문제이며, 문제는 상황 설명 없이 문제 번호를 알린 다음 곧바로 대사가 나오는 말 그대로 '즉시' 응답할 수 있는 능력을 묻는 문제입니다.

즉시 응답 파트 | 완전 공략 비법

1 제시되는 문장 자체가 짧으므로 포인트를 찾아서 연관성이 있는 대답을 찾습니다. 말하는 사람의 의도와 알고자 하는 정보가 무엇인지를 파악하는 것이 중요합니다. 그리고 지나간 문제는 빨리 잊고 다음 문제에 집중해야 합니다. 계속해서 앞 문제에 미련을 두고 고민하고 있으면 도미노식으로 시험을 망칠 우려가 있습니다.

2 문제를 듣고 상황에 적합한 대답이나 말을 즉시 판단해서 답을 골라야 하고, 듣는 사람이 아닌 말하는 사람의 말을 선택해야 하므로 평소에 많은 대화 패턴에 익숙해져야 합니다. 보통 인사, 의뢰, 허가 등 자주 사용되는 두 사람의 대화 표현 등을 숙지해 두면 좋습니다.

3 질문은 크게 3가지의 질문 형태로 나눠볼 수 있습니다. 의문사를 포함한 의문문, 의문사를 포함하지 않은 일반 의문문, 그리고 일반 회화문이 있습니다. 이 중에 가장 어렵다고 판단되는 문제는 일반 의문문에서 발생합니다. 일반 의문문은 허락이나, 명령, 요청, 권유 등의 회화문이 반드시 등장합니다. 따라서 행위자 파악을 절대 잊어서는 안 됩니다. 또한, 각각의 문형에 익숙할 필요가 있습니다. 일반 의문문이 가장 어려운 것은 알맞은 대답이 무궁무진하기 때문입니다. 허락이나 명령, 요청, 권유 등의 질문 등은 한다, 안 한다 하는 행위의 부정 긍정 등 예상이 가능하지만, 이것은 단순히 화자의 생각을 서술하기 때문에 딱히 어느 것이 정답이라고 짜내기 어려울 수가 있습니다. 그러나 시험에서는 이야기의 소재가 너무 어렵거나 까다로운 내용은 출제되지 않기 때문에 일상 생활 속에서의 대화문과 문형을 꼼꼼히 보고 암기해 놓으면 도움이 될 것입니다.

4 새로 개정된 일본어능력시험에도 종래와 마찬가지로 회화 시험은 없으나, 이를 보완하기 위해 이 '즉시 응답' 문제가 신설되었으므로 실제 일본어로 커뮤니케이션을 취할 기회가 없다 하더라도 이런 기회를 스스로 만들어 나가는 것이 앞으로의 일본능력시험 대책으로서 중요한 과제가 될 것으로 생각되며, 그런 면에서는 드라마나 애니메이션을 보면서 자연스러운 대화의 흐름을 익혀 두면 문제를 푸는 데 도움이 될 것입니다.

문제 풀이 순서

① 짧은 발화나 질문 등을 듣는다. (질문과 선택지의 문장은 1대 1의 대화이다.)

⇩

② 선택지 3개 중에서 정답을 고른다. (음성으로 제시된 선택지 3개 중에서 질문에 대한 대답이나 대화가 원활히 진행되도록 응대가 잘 된 보기 중에서 하나를 골라 OMR 카드에 연필로 칠한다. 추후에 마킹하는 시간을 따로 주지 않기 때문에 그때 그때 적절하게 답안지에 마킹하는 요령을 세워야 한다.)

★ 유형 맛보기

예제 문제 Tr 5-1 🎧

問題5　問題5では、問題用紙に何もいんさつされていません。まず、文を聞いてください。それから、そのへんじを聞いて、1から3の中から最もよいものを一つえらんでください。

例 1 番

― メ モ ―

📑 스크립트

F　わたし、試験勉強、あまりやってないんだ…。今から、頑張らなくちゃ。

M　1　うん、頑張るつもり。
　　2　そう、よく頑張ったね。
　　3　これから頑張ればいいよ。

① 질문 등의 짧은 발화를 듣는다.

② 선택지 3개 중에서 정답을 고른다.

📖 해석

F　어, 나, 시험 공부, 별로 못 했어…. 지금부터 열심히 해야지.

M　1　어, 열심히 할 생각이야.
　　2　그래, 진짜 열심히 했어.
　　3　이제부터 열심히 하면 돼.

📝 풀이

1번처럼, 자기 자신의 말, 즉 대화로 되어 있지 않은 것은 제외합니다. 2번과 3번을 보면 F의 '지금부터'에 대응하는 것은, 3번의 '이제부터'입니다.

정답 _ 3　これから頑張ればいいよ。(이제부터 열심히 하면 돼.)

5. 즉시 응답

1 番　Tr 5-2 🎧

메모

2 番　Tr 5-3 🎧

메모

3 番　Tr 5-4 🎧

메모

4 番 **Tr 5-5** 🎧

메모

5 番 **Tr 5-6** 🎧

메모

6 番 **Tr 5-7** 🎧

메모

7 番　Tr 5-8 🎧

메모

8 番　Tr 5-9 🎧

메모

9 番　Tr 5-10 🎧

메모

10番 Tr 5-11

메모

11番 Tr 5-12

메모

12番 Tr 5-13

메모

13番 Tr 5-14 🎧

메모

14番 Tr 5-15 🎧

메모

15番 Tr 5-16 🎧

메모

16番　Tr 5-17 🎧

메모

17番　Tr 5-18 🎧

메모

18番　Tr 5-19 🎧

메모

HOW TO

N3

파이널 모의테스트

1회
2회
3회

N3

N3

聴解

(60点 40分)

N·O·T·E·S
注 意

1 試験開始の合図があるまで、この問題用紙を開けないでください。

2 この問題用紙を持ち帰ることはできません。

3 受験番号と名前を下の欄に、受験票と同じようにはっきりと書いて
ください。

4 この問題用紙は、全部で12ページあります。

5 問題1から問題5まで回答のしかたが違います。例をよく見て注意し
てください。

6 テープを聞きながら、この問題用紙にメモをとってもかまいません。

受験番号 Examinee Registration Number	
名前 Name	

もんだい
問題1

問題1では、まず質問を聞いてください。それから話を聞いて、問題用紙の１から４の中から、最もよいものを一つえらんでください。

1番 Tr 6-1 🎧

1 いつもどおりの授業がある。

2 授業のあとで大そうじがある。

3 授業のあとでスポーツテストがある。

4 授業のあとで学校せつめい会がある。

2番 Tr 6-2 🎧

1 家でそのままねる。

2 ねつを下げるくすりを飲む。

3 すぐにこの病院に行く。

4 すぐに大きな病院に行く。

3番 <ruby>番<rt>ばん</rt></ruby> Tr 6-3 🎧

1　<ruby>自分<rt>じ ぶん</rt></ruby>のパソコンで<ruby>送<rt>おく</rt></ruby>る。

2　ファックスで<ruby>送<rt>おく</rt></ruby>る。

3　<ruby>男<rt>おとこ</rt></ruby>の<ruby>人<rt>ひと</rt></ruby>のパソコンで<ruby>送<rt>おく</rt></ruby>る。

4　インターネットカフェで<ruby>送<rt>おく</rt></ruby>る。

4番 <ruby>番<rt>ばん</rt></ruby> Tr 6-4 🎧

1　<ruby>男<rt>おとこ</rt></ruby>の<ruby>人<rt>ひと</rt></ruby>に29<ruby>万円<rt>まんえん</rt></ruby>のゆびわを<ruby>買<rt>か</rt></ruby>ってもらう。

2　<ruby>男<rt>おとこ</rt></ruby>の<ruby>人<rt>ひと</rt></ruby>に2<ruby>万<rt>まん</rt></ruby>9<ruby>千円<rt>せんえん</rt></ruby>のゆびわを<ruby>買<rt>か</rt></ruby>ってもらう。

3　お<ruby>店<rt>みせ</rt></ruby>をいろいろ<ruby>見<rt>み</rt></ruby>る。

4　<ruby>夕飯<rt>ゆうはん</rt></ruby>を<ruby>食<rt>た</rt></ruby>べる。

5番 Tr 6-5 🎧

1 6時に新宿駅2ばん出口で会う。

2 6時10分に新宿駅2ばん出口で会う。

3 5時50分に新宿駅3ばん出口で会う。

4 6時10分に新宿駅3ばん出口で会う。

6番 Tr 6-6 🎧

1 歩いて行く。

2 バスで行く。

3 ミニバスで行く。

4 タクシーで行く。

もんだい
問題2

問題2では、まず質問を聞いてください。そのあと、問題用紙を見てください。読む時間があります。それから話を聞いて、問題用紙の1から4の中から、最もよいものを一つえらんでください。

1番 Tr 6-7 🎧

1 東都大学が全部だめだったから

2 英語学科に入りたかったから

3 東都大学よりレベルが上だったから

4 家から近いから

2番 Tr 6-8 🎧

1 学生全部の出席をチェックするのが大変だから

2 学校が、としをとった教師の気持ちを考えていないから

3 パソコンでタイピングをするのがいやだから

4 パソコンに入力する方が大変になるから

3番　Tr 6-9 🎧

1　大学から近いこと

2　やちんが安いこと

3　アルバイトをしなくていいこと

4　日本人に日本語を教えてもらえること

4番　Tr 6-10 🎧

1　けしょうをする女性

2　お酒のにおいが強い男性

3　強いけしょう品のにおいがする女性

4　ケータイ電話で話している人

5番 Tr 6-11 🎧

1 テストの2週間前

2 テストの1週間前

3 テスト2,3日前

4 テストの前の日

6番 Tr 6-12 🎧

1 妹が猫アレルギーで、猫は飼えないから

2 マンションでは犬は飼えないから

3 鳥のエサは安いから

4 鳥が一番安かったから

問題3

問題3では、問題用紙に何もいんさつされていません。この問題は、ぜんたいとして、どんなないようかを聞く問題です。話の前に質問はありません。まず話を聞いてください。それから質問とせんたくしを聞いて、1から4の中から最もよいものを一つえらんでください。

1番　Tr 6-13

−メ モ−

2番　Tr 6-14

−メ モ−

3番　Tr 6-15

−メ モ−

もんだい
問題4

問題4では、絵を見ながら質問を聞いてください。やじるし(➡)の人は何と言いますか。1から3の中から最もよいものを一つえらんでください。

1番 Tr 6-16 🎧

2番 Tr 6-17 🎧

3番 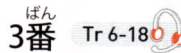 Tr 6-18

4番 Tr 6-19

問題5

問題5では、問題用紙に何もいんさつされていません。まず、文を聞いてください。それから、そのへんじを聞いて、１から３の中から最もよいものを一つえらんでください。

1番 Tr 6-20

−メ モ−

2番 Tr 6-21

−メ モ−

3番 Tr 6-22

−メ モ−

4番 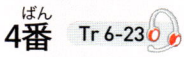 Tr 6-23

–メ モ–

5番 Tr 6-24

–メ モ–

6番 Tr 6-25

–メ モ–

7番 ばん Tr 6-26

−メ モ−

8番 ばん Tr 6-27

−メ モ−

9番 ばん Tr 6-28

−メ モ−

N3

聴解
(60点 40分)

N·O·T·E·S
注 意

1 試験開始の合図があるまで、この問題用紙を開けないでください。

2 この問題用紙を持ち帰ることはできません。

3 受験番号と名前を下の欄に、受験票と同じようにはっきりと書いてください。

4 この問題用紙は、全部で12ページあります。

5 問題1から問題5まで回答のしかたが違います。例をよく見て注意してください。

6 テープを聞きながら、この問題用紙にメモをとってもかまいません。

受験番号 Examinee Registration Number	
名前 Name	

もんだい
問題1

問題1では、まず質問を聞いてください。それから話を聞いて、問題用紙の1から4の中から、最もよいものを一つえらんでください。

1番 Tr 7-1 🎧

1 ピアノの練習をやめてほしい。

2 練習の時間をかえてほしい。

3 朝早く起きてほしい。

4 コンクールに出てほしい。

2番 Tr 7-2 🎧

1 第2章のはじめから第4章の終わりまで

2 第2章の途中から第4章の終わりまで

3 第2章のはじめから第4章の途中まで

4 第2章の途中から第4章の途中のまで

3番^{ばん} Tr 7-3 🎧

1 学校^{がっこう}

2 病院^{びょういん}

3 ホテル

4 映画館^{えいがかん}

4番^{ばん} Tr 7-4 🎧

1 はれ

2 くもり

3 雨^{あめ}

4 大雨^{おおあめ}

5番 Tr 7-5 🎧

1　3000円以上の買い物をしたとき

2　コーヒーのチェーン店に行ったとき

3　300円未満のものを買ったとき

4　今週の土曜日に買い物をしたとき

6番 Tr 7-6 🎧

1　マジックをする。

2　紙コップを集める。

3　きょうりゅうを作る。

4　まだ決まっていない。

<ruby>問題<rt>もんだい</rt></ruby>2

<ruby>問題<rt>もんだい</rt></ruby>2では、まず<ruby>質問<rt>しつもん</rt></ruby>を<ruby>聞<rt>き</rt></ruby>いてください。そのあと、<ruby>問題用紙<rt>もんだいようし</rt></ruby>を<ruby>見<rt>み</rt></ruby>てください。<ruby>読<rt>よ</rt></ruby>む<ruby>時間<rt>じかん</rt></ruby>があります。それから<ruby>話<rt>はなし</rt></ruby>を<ruby>聞<rt>き</rt></ruby>いて、<ruby>問題用紙<rt>もんだいようし</rt></ruby>の１から４の<ruby>中<rt>なか</rt></ruby>から、<ruby>最<rt>もっと</rt></ruby>もよいものを一つえらんでください。

<ruby>1番<rt>ばん</rt></ruby> Tr 7-7

1 おとなしい

2 おこりっぽい

3 おちつきがない

4 わすれっぽい

<ruby>2番<rt>ばん</rt></ruby> Tr 7-8

1 <ruby>買<rt>か</rt></ruby>い<ruby>物<rt>もの</rt></ruby>をする

2 <ruby>海外旅行<rt>かいがいりょこう</rt></ruby>に<ruby>行<rt>い</rt></ruby>く

3 ゆっくり<ruby>休<rt>やす</rt></ruby>む

4 つりの<ruby>道具<rt>どうぐ</rt></ruby>を<ruby>買<rt>か</rt></ruby>う

3番 **ばん** Tr 7-9 🎧

1 かいだんをのぼること
2 10キロずつ走ること
3 おさけを飲まないこと
4 女の人にふられたこと

4番 **ばん** Tr 7-10 🎧

1 一日中はれる。
2 朝から雨がふる。
3 今日よりあたたかい。
4 気温が下がる。

5番 Tr 7-11 🎧

1 あせってしまうこと

2 ひくスピード

3 強くひきすぎること

4 いつもおなじ調子でひくこと

6番 Tr 7-12 🎧

1 しゅうしょくしたくないから

2 勉強がつづけたいから

3 仕事が見つからないから

4 ゆうしゅうな人が多いから

問題3

問題3では、問題用紙に何もいんさつされていません。この問題は、ぜんたいとして、どんなないようかを聞く問題です。話の前に質問はありません。まず話を聞いてください。それから質問とせんたくしを聞いて、１から４の中から最もよいものを一つえらんでください。

1番 Tr 7-13

－メモ－

2番 Tr 7-14

－メモ－

3番 Tr 7-15

－メモ－

問題4

問題4では、絵を見ながら質問を聞いてください。やじるし（➡）の人は何と言いますか。1から3の中から最もよいものを一つえらんでください。

1番 Tr 7-16

2番 Tr 7-17

3番 Tr 7-18

4番 Tr 7-19

問題5

問題5では、問題用紙に何もいんさつされていません。まず、文を聞いてください。それから、そのへんじを聞いて、1から3の中から最もよいものを一つえらんでください。

1番 Tr 7-20

−メモ−

2番 Tr 7-21

−メモ−

3番 Tr 7-22

−メモ−

4番 Tr 7-23

–メ モ–

5番 Tr 7-24

–メ モ–

6番 Tr 7-25

–メ モ–

7番 Tr 7-26 🎧

-メモ-

8番 Tr 7-27 🎧

-メモ-

9番 Tr 7-28 🎧

-メモ-

N3

聴解

(60点 40分)

N·O·T·E·S
注意

1 試験開始の合図があるまで、この問題用紙を開けないでください。

2 この問題用紙を持ち帰ることはできません。

3 受験番号と名前を下の欄に、受験票と同じようにはっきりと書いてください。

4 この問題用紙は、全部で12ページあります。

5 問題1から問題5まで回答のしかたが違います。例をよく見て注意してください。

6 テープを聞きながら、この問題用紙にメモをとってもかまいません。

受験番号 Examinee Registration Number	
名前 Name	

<ruby>問題<rt>もんだい</rt></ruby>1

<ruby>問題<rt>もんだい</rt></ruby>1では、まず<ruby>質問<rt>しつもん</rt></ruby>を<ruby>聞<rt>き</rt></ruby>いてください。それから<ruby>話<rt>はなし</rt></ruby>を<ruby>聞<rt>き</rt></ruby>いて、<ruby>問題用<rt>もんだいよう</rt></ruby><ruby>紙<rt>し</rt></ruby>の１から４の<ruby>中<rt>なか</rt></ruby>から、<ruby>最<rt>もっと</rt></ruby>もよいものを一つえらんでください。

1<ruby>番<rt>ばん</rt></ruby> Tr 8-1 🎧

1　かんこく<ruby>風<rt>ふう</rt></ruby>ソース

2　ちゅうか<ruby>風<rt>ふう</rt></ruby>ソース

3　りょうほうえらんだ

4　どちらもえらばなかった

2<ruby>番<rt>ばん</rt></ruby> Tr 8-2 🎧

1　「<ruby>赤<rt>あか</rt></ruby>い<ruby>鳥<rt>とり</rt></ruby>と<ruby>青<rt>あお</rt></ruby>い<ruby>鳥<rt>とり</rt></ruby>」

2　「<ruby>白<rt>しろ</rt></ruby>い<ruby>牛乳<rt>ぎゅうにゅう</rt></ruby>」

3　「しあわせの<ruby>黄色<rt>きいろ</rt></ruby>いTシャツ」

4　まだ<ruby>決<rt>き</rt></ruby>まっていない

3番 Tr 8-3 🎧

1　6時に渋谷駅で会う。

2　5時に新宿駅で会う。

3　6時半に渋谷駅で会う。

4　5時半に新宿駅で会う。

4番 Tr 8-4 🎧

1　月曜日のキム先生の授業

2　月曜日の山田先生の授業

3　木曜日のキム先生の授業

4　木曜日の山田先生の授業

5番 Tr 8-5 🎧

1　スポーツ飲料

2　ハンバーガー

3　おかし

4　おべんとう

6番 Tr 8-6 🎧

1　たこやきを売っている。

2　たこやきを食べている。

3　たこやきを買っている。

4　たこやきを作っている。

もんだい
問題2

問題2では、まず質問を聞いてください。そのあと、問題用紙を見てください。読む時間があります。それから話を聞いて、問題用紙の１から４の中から、最もよいものを一つえらんでください。

1番　Tr 8-7

1　料理の味
2　女の人のことば
3　料理の見た目
4　女の人の食欲

2番　Tr 8-8

1　苦労を楽しんでいるとき
2　教え子が出世したとき
3　教え子がたずねてきたとき
4　有名な実業家をそだてたとき

3番 Tr 8-9 🎧

1 駅が近いこと

2 近所にお店が多いこと

3 トイレがせいけつなこと

4 日当たりがいいこと

4番 Tr 8-10 🎧

1 自分の方言

2 授業の内容

3 人間関係

4 進路

5番 Tr 8-11

1 食事

2 すいみん

3 移動

4 さつえい

6番 Tr 8-12

1 ほんものの動物

2 猫のぬいぐるみ

3 鉛筆などの文房具

4 特にない

<ruby>問題<rt>もんだい</rt></ruby>3

<ruby>問題<rt>もんだい</rt></ruby>3では、<ruby>問題用紙<rt>もんだいようし</rt></ruby>に<ruby>何<rt>なに</rt></ruby>もいんさつされていません。この<ruby>問題<rt>もんだい</rt></ruby>は、ぜんたいとして、どんなないようかを<ruby>聞<rt>き</rt></ruby>く<ruby>問題<rt>もんだい</rt></ruby>です。<ruby>話<rt>はなし</rt></ruby>の<ruby>前<rt>まえ</rt></ruby>に<ruby>質問<rt>しつもん</rt></ruby>はありません。まず<ruby>話<rt>はなし</rt></ruby>を<ruby>聞<rt>き</rt></ruby>いてください。それから<ruby>質問<rt>しつもん</rt></ruby>とせんたくしを<ruby>聞<rt>き</rt></ruby>いて、1から4の<ruby>中<rt>なか</rt></ruby>から<ruby>最<rt>もっと</rt></ruby>もよいものを一つえらんでください。

1<ruby>番<rt>ばん</rt></ruby> Tr8-13 🎧

−メ モ−

2<ruby>番<rt>ばん</rt></ruby> Tr 8-14 🎧

−メ モ−

3<ruby>番<rt>ばん</rt></ruby> Tr 8-15 🎧

−メ モ−

<ruby>問題<rt>もんだい</rt></ruby>4

<ruby>問題<rt>もんだい</rt></ruby>4では、<ruby>絵<rt>え</rt></ruby>を<ruby>見<rt>み</rt></ruby>ながら<ruby>質問<rt>しつもん</rt></ruby>を<ruby>聞<rt>き</rt></ruby>いてください。やじるし(➡)の<ruby>人<rt>ひと</rt></ruby>は<ruby>何<rt>なん</rt></ruby>と<ruby>言<rt>い</rt></ruby>いますか。1から3の<ruby>中<rt>なか</rt></ruby>から<ruby>最<rt>もっと</rt></ruby>もよいものを<ruby>一<rt>ひと</rt></ruby>つえらんでください。

<ruby>1番<rt>ばん</rt></ruby>　Tr 8-16

<ruby>2番<rt>ばん</rt></ruby>　Tr 8-17

3番 Tr 8-18 🎧

4番 Tr 8-19 🎧

<ruby>問題<rt>もんだい</rt></ruby>5

<ruby>問題<rt>もんだい</rt></ruby>5では、<ruby>問題用紙<rt>もんだいようし</rt></ruby>に<ruby>何<rt>なに</rt></ruby>もいんさつされていません。まず、<ruby>文<rt>ぶん</rt></ruby>を<ruby>聞<rt>き</rt></ruby>いてください。それから、そのへんじを<ruby>聞<rt>き</rt></ruby>いて、１から３の<ruby>中<rt>なか</rt></ruby>から<ruby>最<rt>もっと</rt></ruby>もよいものを<ruby>一<rt>ひと</rt></ruby>つえらんでください。

1<ruby>番<rt>ばん</rt></ruby> Tr 8-20

－メ モ－

2<ruby>番<rt>ばん</rt></ruby> Tr 8-21

－メ モ－

3<ruby>番<rt>ばん</rt></ruby> Tr 8-22

－メ モ－

4番 ばん Tr 8-23 🎧

－メ モ－

5番 ばん Tr 8-24 🎧

－メ モ－

6番 ばん Tr 8-25 🎧

－メ モ－

7番 _{ばん} Tr 8-26

-メモ-

8番 _{ばん} Tr 8-27

-メモ-

9番 _{ばん} Tr 8-28

-メモ-

HOW
TO

실전 예상 문제

스크립트 · 해석 · 정답

PART 1 　과제 이해

※ 해석 부분 별색 글자체가 정답이며, 정답 번호만은 185쪽에 있습니다.

1

📄 스크립트　Tr1-2

女の人がパスポートセンターに電話をしています。女の人はパスポートセンターに行く前に、何を準備しますか。

F　あ、すみません。パスポートを取りたいんですが、何が必要でしょうか。

M　まず、申込用紙ですね。そこに必要なことを書いていただくのですが、申込用紙はパスポートセンターに置いてあります。あとは写真を2枚。

F　あの、写真は3×4センチのものでいいでしょうか。

M　いえ、もう少し大きいサイズなんですよ。センターに写真を撮るところがありますので、そこで撮ってください。住民票はお持ちですか？

F　1年前のものですが、あります。

M　申し訳ないのですが、住民票は6ヶ月以内のものじゃないとだめなんですよ。1年前のものは捨てて、もう1度新しいものを取って来ていただけますか？　それと、申込者本人だと分かる、IDカードみたいなものも必要ですが、運転免許証などはお持ちですか？

F　会社の社員証なら持ってますけど。

M　それでだいじょうぶです。

女の人はパスポートセンターに行く前に、何を準備しますか。

1　もうしこみ用紙
2　写真
3　住民ひょう
4　運転めんきょしょう

📖 해석

여자가 여권센터에 전화를 하고 있습니다. 여자는 여권센터에 가기 전에 무엇을 준비합니까?

F　아, 저기요. 여권을 만들고 싶은데 무엇이 필요한가요?

M　우선, 신청용지요. 거기에 필요한 것을 쓰시는데요, 신청용지는 여권센터에 비치되어 있습니다. 그리고 사진 2장이요.

F　저, 사진은 3×4센티면 되나요?

M　아니요, 좀 더 큰 사이즈예요. 센터에 사진을 찍는 곳이 있으니 거기에서 찍으세요. 주민표는 가지고 계신가요?

F　1년 전 것이긴 하지만, 있어요.

M　죄송합니다만, 주민표는 6개월 이내의 것이 아니면 안 됩니다. 1년 전 것은 버리고, 새것을 다시 발급 받아서 와주시겠습니까? 그리고 신청자 본인이라는 것을 알 수 있는 ID카드 같은 것이 필요한데요, 운전면허증 등은 가지고 계십니까?

F　회사 사원증이라면 갖고 있는데.

M　그걸로 됩니다.

여자는 여권센터에 가기 전에 무엇을 준비합니까?

1 신청 용지
2 사진
3 주민표
4 운전면허증

2

📄 스크립트　Tr1-3

男の人と女の人が、夕ごはんの買い物について話しています。男の人は、何を買わなければいけませんか。

F　今日の夜、カレーにしようと思うんだけど、野菜がたりないから買ってきてくれる？

M　ああ、いいよ。じゃがいも？

F えっと、じゃがいもは4つ入(い)れるんだけど…。2つしかないから、たらない分(ぶん)だけ買(か)ってきてね。

M OK。他(ほか)には？

F たまねぎは3つあるし。にんじん、にんじん…。あ、冷蔵庫(れいぞうこ)に半分(はんぶん)だけ残(のこ)ってる。

M 半分(はんぶん)じゃだめじゃないか。

F そうね、じゃあそれも1本(ぽん)買(か)ってきてちょうだい。あとはお肉(にく)だけど、鶏肉(とりにく)でよかったら冷蔵庫(れいぞうこ)にあるわ。豚肉(ぶたにく)か牛肉(ぎゅうにく)がよかったら、好きなの買(か)ってきてくれる？

M オレは鶏肉(とりにく)でいいよ。

男(おとこ)の人(ひと)は、何(なに)を買(か)わなければいけませんか。

1 じゃがいも1つと、たまねぎ3つ

2 じゃがいも2つと、にんじん1本(ぽん)

3 たまねぎ3つと、とり肉(にく)

4 にんじん1本(ぽん)と、とり肉(にく)

🔊 해석

남자와 여자가 저녁 식사 장보기에 대해 이야기하고 있습니다. 남자는 무엇을 사야 합니까?

F 오늘 저녁에 카레 하려고 하는데, 야채가 부족하니까 사 올래요?

M 그래, 좋아. 감자?

F 그러니까, 감자는 4개 넣을 건데…. 2개밖에 없으니까 부족한 것만 사 와.

M OK. 다른 거는?

F 양파는 3개 있고. 당근, 당근….아, 냉장고에 반만 남았다.

M 반으로는 안 되잖아.

F 맞아, 그럼 그것도 1개 사가지고 와. 남은 건 고기인데, 닭고기로 해도 괜찮으면 냉장고에 있어. 돼지고기나 소고기가 좋으면 좋아하는 걸로 사 올래?

M 난 닭고기 괜찮아.

남자는 무엇을 사야 합니까?

1 감자 2개와 양파 3개

2 감자 2개와 당근 1개

---

3 양파 3개와 닭고기

4 당근 1개와 닭고기

3

🔊 스크립트　Tr1-4

男(おとこ)の人(ひと)と女(おんな)の人(ひと)が、インターネットでミュージカルのチケットを予約(よやく)しようとしています。2人(ふたり)は、いつのチケットを予約(よやく)しますか。

F ねえ、あなた、ミュージカル見(み)に行(い)くの、今週末(こんしゅうまつ)がいいのよね？土日(どにち)、どっちにしましょうか。

M そうだな、月曜日(げつようび)からまた仕事(しごと)だから、出来(でき)れば日曜日(にちようび)じゃない方(ほう)がいいな。

F そうね。そうすると、時間(じかん)は午後(ごご)2時(じ)か6時(じ)だけど、どうします？

M 午前中(ごぜんちゅう)のチケットってないの？

F ええ、全部(ぜんぶ)午後(ごご)みたいね。

M 困(こま)ったな、今週(こんしゅう)は土曜(どよう)も昼過(ひるす)ぎからずっとテニスなんだ。

F あら、そうなの？日曜(にちよう)の午前中(ごぜんちゅう)も行(い)くんでしょう？それじゃ、ミュージカルはこの時間(じかん)しか予約(よやく)できないけど、いいのね？

M まあ、しかたない。それで頼(たの)むよ。

2人(ふたり)は、いつのチケットを予約(よやく)しますか。

1 土曜日(どようび)の午後(ごご)2時(じ)

2 土曜日(どようび)の午後(ごご)6時(じ)

3 日曜日(にちようび)の午前(ごぜん)10時(じ)

4 日曜日(にちようび)の午後(ごご)3時(じ)

🔊 해석

남자와 여자가 인터넷에서 뮤지컬 티켓을 예약하려고 합니다. 두 사람은 언제 공연하는 티켓을 예약합니까?

F 있잖아, 여보. 뮤지컬 보러 가는 거, 이번 주말이 좋지요? 토일, 언제로 할까요?

M 글쎄, 월요일부터 또 일해야 하니까 가능하면 일요일이 아니면 좋겠는데.

F 그래요. 그러면, 시간은 오후 2시나 6시인데 어떻게 해요?

M 오전 중에 하는 티켓은 없어?

F 네, 모두 오후인 것 같아요.

M 이런, 이번 주는 토요일은 점심 후에도 계속 테니스인데.

F 어머, 그래요? 일요일 오전 중에도 가잖아요? 그럼, 뮤지컬은 이 시간밖에 예약 못하는데 괜찮죠?

M 뭐, 어쩔 수 없지. 그걸로 부탁해.

두 사람은 언제 공연하는 티켓을 예약합니까?

1 토요일 오후 2시
2 토요일 오후 6시
3 일요일 오전 10시
4 일요일 오후 3시

4

스크립트 Tr1-5

男の人と女の人が、テレビについて話しています。2人は、このあと何をしますか。

F ねぇ、今朝からテレビがきれいに映らないんだけど。

M どれどれ…。あ、本当だ。

F テレビを買ったお店に行きましょうよ。古いから、壊れたのよ。テレビ買い替えない?

M でもさ、全部のチャンネルが見られないわけじゃないよね。NKKだけだろ?

F うん、そうだけど。アンテナの位置が悪いのかな。

M その可能性は高いな。ちょっと見てみようか。もしアンテナが悪いんじゃなかったら、NKKに電話して、来てもらおう。

F そうね、それでもだめなら、もう1本アンテナを買うとか。

M 数が多ければキレイに見えるってわけじゃないだろう。

2人は、このあと何をしますか。

1 テレビを買った店に行く。
2 アンテナの位置を自分でチェックする。
3 NKKに電話して、家に来てもらう。
4 アンテナをもう1本買う。

해석

남자와 여자가 텔레비전에 대해 이야기하고 있습니다. 두 사람은 이 다음에 무엇을 합니까?

F 어, 오늘 아침부터 텔레비전이 깨끗하게 안 나오는데.

M 어디 어디…. 아, 진짜네.

F 텔레비전을 산 가게에 가자. 오래돼서 고장 난 거야. 텔레비전 새로 사야 하지 않을까?

M 하지만 말이야, 채널 다 못 보는 건 아니잖아. NKK만이잖아?

F 응, 그렇긴 한데. 안테나 위치가 안 좋은 건가?

M 그럴 가능성이 크지. 좀 보고 올까 봐. 만약에 안테나가 이상 없으면 NKK에 전화해서 오라고 하자.

F 그래, 그래도 안 되면, 안테나를 하나 더 사던가.

M 안테나가 많다고 깨끗하게 보이는 건 아니잖아.

두 사람은 이 다음에 무엇을 합니까?

1 텔레비전을 산 가게에 간다.
2 안테나 위치를 스스로 체크한다.
3 NKK에 전화해서 집에 오라고 한다.
4 안테나를 하나 더 산다.

5

스크립트 Tr1-6

男の人と女の人が、結婚式について話しています。これから今日中に、何をしなければいけませんか。

F 明日の結婚式、午前11時からだから、朝7時の新幹線に乗らないとだめね。

M 週末だからな。新幹線のきっぷは先に予約し

ておかないと、座れなくなるぞ。

F 分かってるわよ。もう予約したからだいじょうぶ。それよりあなた、お祝いのお金は?

M それは明日、駅のATMでおろせばいいだろう? お金を入れる袋は、机の中に1つ置いてあったからそれでいいし。ところで、クリーニングに出しておいたオレのスーツは取ってきた?

F ええ、今朝取って来ましたよ。ねえ、お金のことだけど、結婚式はちゃんと新しいきれいなお金を準備しないとだめなのよ。ATMじゃ出てこないでしょう。

M あ、そうか。明日の朝じゃ間に合わないから、後で銀行に行ってくるよ。

これから今日中に、何をしなければいけませんか。

1 新幹線のきっぷをよやくする。
2 おいわいのお金をじゅんびする。
3 おいわいのお金を入れるふくろを買う。
4 クリーニングに出したスーツをとってくる。

해석

남자와 여자가 결혼식에 대해 이야기하고 있습니다. 앞으로 오늘 중에 무엇을 해야 합니까?

F 내일 결혼식, 오전 11시부터니까 아침 7시 신칸센을 타야 해요.

M 주말이니까. 신칸센 표는 미리 예약해 둬야 앉을 수 있어.

F 알고 있어요. 벌써 예약했으니까 괜찮아요. 그보다 당신, 축의금은?

M 그건 내일, 역 ATM에서 찾으면 되잖아? 돈을 넣을 봉투는 책상 안에 1개 넣어 뒀으니까 그걸로 됐고. 그런데, 세탁소에 맡긴 내 양복은 가져왔어?

F 네, 오늘 아침에 갖고 왔어요. 그리고, 돈 말인데, 결혼식에는 깨끗한 새 돈을 준비해야 해요. ATM은 새 돈이 안 나오잖아요.

M 아, 그런가. 내일 아침에는 늦을 수 있으니까, 이따가 은행에 갔다 올게.

앞으로 오늘 중에 무엇을 해야 합니까?

1 신칸센 표를 예약한다.
2 **축의금을 준비한다.**
3 축의금을 넣을 봉투를 산다.
4 세탁소에 맡긴 양복을 가져온다.

6

스크립트 Tr1-7

会社で男の人と女の人が話しています。この後、男の人は何をしますか。

F 高橋くん、ちょっと。このファイルだけど、B4サイズだと大きすぎるから、もう少し小さくできない?

M はい、ぼくもそう思ったのですが、部長が「大きい方が字がよく見えていい」とおっしゃるものですから…。

F そう、それじゃ仕方ないわね。でも、ページ数はもう少し減らさないと。データが多すぎて見づらいじゃない。

M そうですね。必要ないものは消して、プリントし直します。あの、データ部分はカラーにした方が分かりやすいと思うのですが。

F もちろんそうだけど、たしか今、カラーのインクがなくなってたんじゃなかった?

M あ、そうでした。会議は今日の午後ですから、今からインクを買いに行っていたら間に合わないですね…。

F それはいいから、ファイルの中にカタログをいっしょに入れるのを忘れないでね。

M はい、今朝入れておきました。

この後、男の人は何をしますか。

1 ファイルのサイズを小さくする。
2 ファイルのページすうを少なくする。
3 カラーインクを買いに行く。

4　ファイルの中にカタログを入れる。

🔊 해석

회사에서 남자와 여자가 이야기하고 있습니다. 이 다음에 남자는 무엇을 합니까?

F　다카하시 군, 잠깐만. 이 파일말인데, B4 사이즈면 너무 크니까 조금 작게 할 수 있을까?

M　네, 저도 그렇게 생각했는데요, 부장님이 '큰 게 글자가 잘 보여서 좋다'고 하셔서….

F　그래, 그러면 어쩔 수 없네. 하지만, 페이지 수는 조금 더 줄여야 해. 데이터가 너무 많아서 보기 불편하잖아.

M　그렇네요. 필요 없는 것은 지우고 다시 프린트하겠습니다. 저기, 데이터 부분은 컬러로 하는 편이 알기 쉬울 것 같은데요.

F　물론 그렇긴 한데, 아마 지금 컬러 잉크가 다 떨어지지 않았나?

M　아, 맞아요. 회의는 오늘 오후라서 지금부터 잉크를 사러 가면 늦겠네요….

F　그건 됐으니까, 파일 안에 카탈로그를 함께 넣는 걸 잊지 말고.

M　네, 오늘 아침에 넣어 두었어요.

이 다음에 남자는 무엇을 합니까?

1 파일 사이즈를 작게 한다.

2 파일 페이지 수를 적게 한다.

3 컬러 잉크를 사러 간다.

4 파일 안에 카탈로그를 넣는다.

7

🔊 스크립트　Tr1-8

男の人と女の人が、旅行の時のスーツケースについて話しています。2人はスーツケースをどうしますか。

M　羽田空港には午前10時には到着するから、ホテルにチェックインする前に新宿で食事とか買い物でもしようか。

F　うん、でもスーツケースがじゃまじゃない？　空

港のコインロッカーに預ける？

M　でも、また空港に戻らなきゃいけないじゃないか。預けるなら、新宿駅のコインロッカーがいいだろ。

F　そうね。それか空港からホテルに送っちゃう？　午前中に頼めば、その日の夕方には届けてくれるでしょ。

M　でも結構高いよ。1600円はするんじゃないかなあ。

F　2つ頼んだら3000円以上か…。だったら、まずホテルに直接行って、スーツケースだけ先に預かってもらう？　それならタダよ。

M　え、でもホテルはお台場だよ。新宿から離れてるよ。

F　じゃあ、やっぱりロッカーか。

2人はスーツケースをどうしますか。

1　空港のコインロッカーにあずける。

2　新宿駅のコインロッカーにあずける。

3　空港からスーツケースをホテルに送る。

4　ホテルに行ってスーツケースをあずける。

🔊 해석

남자와 여자가 여행 때 쓸 여행 가방에 대해 이야기하고 있습니다. 두 사람은 여행 가방을 어떻게 합니까?

M　하네다공항에는 오전 10시에는 도착하니까, 호텔에 체크인하기 전에 신주쿠에서 식사나 쇼핑이라도 할까?

F　그래, 근데 여행 가방이 불편하잖아? 공항 코인로커에 보관할까?

M　그렇지만, 다시 공항에 가야 하잖아. 보관할 거면 신주쿠 역 코인로커가 낫지.

F　그렇구나. 아니면 공항에서 호텔에 보내 버릴까? 오전 중에 보내면 그날 저녁에는 도착할 거야.

M　하지만 꽤 비싸. 1600엔은 할 텐데.

F　2개 맡기면 3000엔 넘는구나…. 그럼, 우선 호텔에 바로 가서 여행 가방만 먼저 맡길까? 그러면 공짜야.

M　어, 그렇지만 호텔은 오다이바잖아? 신주쿠에서 멀다고.

F　그럼, 역시 코인로커구나.

두 사람은 여행 가방을 어떻게 합니까?

1 공항 코인로커에 보관한다.

2 신주쿠 역 코인로커에 보관한다.

3 공항에서 여행 가방을 호텔에 보낸다.

4 호텔에 가서 여행 가방을 맡긴다.

8

📋 **스크립트**　Tr1-9

女の人がレストランに電話をしています。このあと、女の人はどうしますか。

M　はい、レストラン「フルール」でございます。

F　あ、すみません。12時に予約している青木ですが。今、駅の前にいるんですけど、道が分からなくて…。

M　そうでしたか。うちは、ちょっと分かりづらい場所にあるので、すみません。駅前にスーパーがあるの見えますか。

F　はい、見えます。右側に。

M　そのスーパーを右に曲がってください。30メートルぐらい行くと、道が3つに分かれていますから、左に入っていただいて、そこからまた7、8分歩くのですが、分かりづらければ車で迎えに行きましょうか？

F　ありがとうございます。自分で歩いてみて、もし分からなければタクシーで行きますからだいじょうぶですよ。タクシーの運転手さんも分からなければ、またお電話しますので。

このあと、女の人はどうしますか。

1 レストランの人に車でむかえに来てもらう。

2 自分で歩いて行く。

3 タクシーにのる。

4 またレストランに電話する。

📋 **해석**

여자가 레스토랑에 전화를 하고 있습니다. 이 다음에 여자는 어떻게 합니까?

M　네, 레스토랑 '후루루'입니다.

F　아, 여보세요. 12시에 예약한 아오키입니다만. 지금, 역 앞에 있는데 길을 몰라서….

M　그러세요? 저희 가게가 좀 헷갈리는 곳에 있어서 죄송합니다. 역 앞에 슈퍼마켓이 있는 거 보입니까?

F　네, 보여요. 오른쪽에.

M　그 슈퍼마켓을 오른쪽으로 끼고 도세요. 30미터 정도 가면, 길이 세 갈래로 나누어져 있으니까 왼쪽 길로 들어오셔서 거기에서 7, 8분 정도 걷는데요, 찾기 어려우시면 차로 마중 나갈까요?

F　고맙습니다. 혼자서 걸어 보고, 만약에 못 찾으면 택시로 갈 거니까 괜찮아요. 택시 운전기사도 모르면 다시 전화할게요.

이 다음에 여자는 어떻게 합니까?

1 레스토랑 직원에게 차로 마중 와 달라고 한다.

2 혼자서 걸어간다.

3 택시를 탄다.

4 다시 레스토랑에 전화한다.

9

📋 **스크립트**　Tr1-10

女の先生が歌のコンクールについて話しています。このクラスの学生はこれから何をしますか。

F　はい、お疲れさま。みんなよく頑張ってくれたから、だいぶよくなってきましたよ。コンクールいよいよ来週ですね。明日からは朝だけじゃなくて、授業が終わったあとも毎日練習しますから、そのつもりでね。この一週間はクラブ活動のある人も30分は練習してから行ってくださいね。えーっと、服装は自由だそうです。制服のままでもいいし、上から何か着てもいいし、今から話し合って決めてください。それと、歌いながら体を動かすところね、まだ合ってないから明日また練習しましょう。

このクラスの学生はこれから何をしますか。

1 30分、歌の練習をする。
2 クラブ活動をする。
3 服装をきめる。
4 体を動かす練習をする。

📖 해석

여자 선생님이 노래 콩쿠르에 대해 이야기하고 있습니다. 이 반 학생들은 지금부터 무엇을 합니까?

F 네, 수고했어요. 여러분 모두 열심히 해주어서 아주 좋아졌어요. 드디어 다음 주가 콩쿠르네요. 내일부터는 아침뿐만 아니라 수업이 끝난 후에도 매일 연습할 테니 그런 줄 알아요. 이번 일주일 동안은 동아리 활동이 있는 사람도 30분은 연습하고 나서 가도록 하세요. 음, 복장은 자유랍니다. 교복도 괜찮고, 위에 뭘 입어도 되니까, 지금부터 상의해서 정하세요. 그리고 노래 부르면서 몸을 움직이는 게 아직 맞지 않으니까 내일부터 다시 연습합시다.

이 반 학생들은 지금부터 무엇을 합니까?

1 30분간 노래 연습을 한다.
2 동아리 활동을 한다.
3 복장을 정한다.
4 몸을 움직이는 연습을 한다.

10

📖 스크립트　Tr1-11

男の人と女の人が歓迎会について話しています。女の人は何をしますか。

F ねえ、佐藤くん。歓迎会で何か一つ得意なことやるようにって言われなかった？
M 言われた、言われた。
F 何やるの？
M マジック。子どもの時から好きでさ。けっこう上手なんだ。
F いいなぁ。そういう特技のある人は。

M またあ、歌かなりうまいって聞いたけど。
F みんなの前で歌うなんて恥ずかしくって。いっしょに歌ってくれる？
M いいけど、ぼく音痴だよ。
F ええ？ じゃ、やめとこ。それじゃあ、佐藤くんの助手やらせてくれない？
M ぼくはいいけど。

女の人は何をしますか。

1 男の人とマジックをやる。
2 一人でマジックをやる。
3 男の人といっしょに歌う。
4 一人で歌を歌う。

📖 해석

남자와 여자가 환영회에 대해 이야기하고 있습니다. 여자는 무엇을 합니까?

F 있잖아, 사토. 환영회에서 뭐 하나 자신 있는 거 하라고 하지 않았어?
M 들었어, 들었어.
F 뭐 할거야?
M 마술. 어렸을 때부터 좋아해서. 꽤 할 줄 알거든.
F 좋겠다. 그런 특기가 있는 사람은.
M 너도 마찬가지로 노래 잘 부른다고 들었는데.
F 다른 사람들 앞에서 부르는 거 부끄러운데. 같이 불러 줄래?
M 괜찮은데, 나 음치야.
F 진짜? 그럼, 관두자. 그럼, 사토 조수 시켜 주지 않을래?
M 난 좋아.

여자는 무엇을 합니까?

1 남자와 마술을 한다.
2 혼자서 마술을 한다.
3 남자와 함께 노래 부른다.
4 혼자서 노래를 부른다.

11

스크립트 Tr1-12

男の人と女の人が旅行の話をしています。2人はどうすることにしましたか。

M あのさぁ、休みとれたから、一泊できることになったよ。

F ほんと? うれしい。ホテルの予約は?

M とっといた。ただ、帰りの電車が朝9時のしか取れなかったんだ。

F え～、それじゃ夜遅く向こうを出て日帰りするのと、あんまり変わんないじゃない。

M 乗り換え何回もして不便でもよけりゃ、11時の電車もあったけど。

F 乗り換えはいいけど、お昼向こうで食べてきたいわ。せっかくだし。

M 他の時間は予約とれないんだよ。

F じゃあいい。一泊するの、もったいないもん。

M ほんとにいいの? せっかく休み取ったのになあ。

2人はどうすることにしましたか。
1 一泊して朝9時の電車で帰ってくる。
2 その日の夜おそく帰ってくる。
3 一泊してお昼ごろ帰ってくる。
4 旅行には行かない。

해석

남자와 여자가 여행 이야기를 하고 있습니다. 두 사람은 어떻게 하기로 했습니까?

M 저기 말이야, 휴가받아서 1박 할 수 있게 됐어.

F 정말? 신난다. 호텔 예약은?

M 해 놨어. 그런데, 돌아오는 전철이 아침 9시 것밖에 못 구했어.

F 에～이, 그럼 밤 늦게 거길 나와서 당일로 오는 거랑 별반 다를 게 없잖아.

M 몇 번이나 갈아타는데 불편해도 괜찮으면 11시 전철도 있긴 한대.

F 갈아타는 건 괜찮은데, 점심은 거기서 먹었으면 좋겠어. 모처럼 가는 거니까

M 다른 시간은 예약이 안 돼.

F 그럼 됐어. 1박 하는 거 아까운데….

M 정말 괜찮아? 일부러 휴가받았는데.

두 사람은 어떻게 하기로 했습니까?
1 1박하고 아침 9시 전철로 돌아온다.
2 그날 밤늦게 돌아온다.
3 1박하고 점심쯤 돌아온다.
4 여행하지 않는다.

12

스크립트 Tr1-13

男の人が病院で予約をしています。次はいつ病院へ来ますか。

F 中村さん、来週はいつがよろしいですか。

M 今日と同じで。

F はい、じゃ、木曜日の11時ですね。

M あ、午後のほうがいいんですけど。

F そうですか。午後でしたら、2時でよろしいでしょうか。

M はい。あ、すみません。水曜から出張だったんだ。木曜の夜に帰ってくるんです。

F それじゃ、火曜か金曜にしましょうか。

M じゃ、金曜日で。

F 同じ時間でよろしいですね?

M すみません、金曜だったら午前の時間でお願いします。

F はい、わかりました。

次はいつ病院へ来ますか。
1 木曜日の11時
2 木曜日の2時
3 金曜日の11時
4 金曜日の2時

해석

남자가 병원에서 예약을 하고 있습니다. 다음은 언제 병원에 옵니까?

F 나카무라 씨, 다음 주는 언제가 좋으세요?

M 오늘하고 같은 날로.

F 네, 그럼, 목요일 11시네요.

M 아, 오후가 나은데요.

F 그래요? 오후라면 2시 괜찮으세요?

M 네. 아, 죄송해요. 수요일부터 출장이었네. 목요일 밤에 돌아오거든요.

F 그럼, 화요일이나 금요일로 해 드릴까요?

M 그럼, 금요일로.

F 같은 시간으로 괜찮으시죠?

M 미안해요, 금요일이면 오전 시간으로 해 주세요.

F 네, 알겠습니다.

다음은 언제 병원에 옵니까?

1 목요일 11시

2 목요일 2시

3 금요일 11시

4 금요일 2시

13

스크립트 Tr1-14

会社で男の人と女の人が話しています。女の人はこれからまず何をしますか。

F 社長、お客さまがお見えになりました。

M ああ、そう。

F 応接室にお通ししておきました。

M そう、ありがとう。そこの書類、10部ずつコピーして持ってきてくれる?

F はい、こちらにお持ちすればよろしいですか。

M ああ、1部だけ先にお客さまに渡しておいてくれるかな。

F はい、わかりました。

M 悪いね。お客さまにお茶は。

F あ、それはもう。

女の人はこれからまず何をしますか。

1 客をおうせつ室に案内する。

2 1部コピーして客に渡す。

3 10部コピーして持ってくる。

4 客にお茶を出す。

해석

회사에서 남자와 여자가 이야기하고 있습니다. 여자는 이제부터 먼저 무엇을 합니까?

F 사장님, 손님이 오셨습니다.

M 응, 그래.

F 응접실로 안내해 드렸어요.

M 그래, 고마워. 거기 서류, 10부씩 복사해서 가지고 와 줄래?

F 네, 이쪽으로 가져올까요?

M 아, 1부만 먼저 손님께 전해 드리고.

F 네, 알겠습니다.

M 고마워, 손님께 차는?

F 네, 그건 이미.

여자는 이제부터 먼저 무엇을 합니까?

1 손님을 응접실로 안내한다.

2 1부 복사해서 손님에게 드린다.

3 10부 복사해서 가지고 온다.

4 손님에게 차를 드린다.

14

스크립트 Tr1-15

夫婦が夏休みの計画について話をしています。この家族はどうしますか。

F 久しぶりに長い休みとれそうだからどこか行きましょうよ。

M そうだな。ヨーロッパはどうだ?

F でもヨーロッパだと1週間は必要よね。ミキ、そんなに長くはピアノの練習休めないかもしれないわ。音楽大学に入りたい子はほとんど休みなしなのよ。

M ん〜、そうか。もし難しいなら、久しぶりに京都もいいな。京都なら3日間ぐらいで十分だろう。

F それでもいいと思うけど、どうせなら外国がいいわ。

M じゃ、ホンコンはどうだ？ ホンコンなら3日あればいいだろう。

F そうよね。

M そうだよ。ヨーロッパは来年にでも行こう。

F そうね。ミキも喜ぶと思うわ。今夜話してみましょうよ。

M そうだな。

この家族はどうしますか。

1 ヨーロッパへ行く。
2 むすめのために旅行しない。
3 京都に行く。
4 ホンコンに行く。

🔊 해석

부부가 여름 휴가 계획에 대해 이야기를 하고 있습니다. 이 가족은 어떻게 합니까?

F 오랜만에 긴 휴가 받을 수 있을 것 같으니까 어디 좀 가요.

M 그러게. 유럽은 어때?

F 하지만 유럽이면 1주일은 필요해. 미키는 그렇게 길게는 피아노 연습 못 쉴 수도 있어. 음악대학에 들어가려는 학생들은 거의 쉬는 날이 없거든.

M 음~, 그래. 만약에 어려우면 오랜만에 교토도 좋아. 교토라면 3일 정도면 충분하잖아.

F 그것도 좋지만, 어차피 가는 거면 외국이 좋은데.

M 그럼, 홍콩은 어때? 홍콩이라면 3일이면 되잖아.

F 그러네.

M 그래. 유럽은 내년에라도 가자.

F 알았어. 미키도 좋아할 거야. 오늘 밤에 말해봐.

M 그래.

이 가족은 어떻게 합니까?

1 유럽에 간다.
2 딸을 위해 여행가지 않는다.
3 교토에 간다.
4 홍콩에 간다.

15

🔊 스크립트　Tr1-16

男の人と女の人が話しています。明日の天気はどうなりますか。

M 今日も雪だね。

F それに風も強いから寒くて、ずっと家にいるわ。

M 最近、大雨が降ったり、風が強かったり、雪が降ったりして寒いよな。

F でも、来週からは少し暖かくなるって。

M 来週か。明日はたかしの野球の試合だろ、天気は大丈夫かな。

F テレビで今日と同じだって言ってたけど。

M 大変だ。風邪ひかないように気をつけないと。

F それより中止になるかもよ。

明日の天気はどうなりますか。

1 ゆきがふって風が強い。
2 雨がふって風が強い。
3 雨がふってから、ゆきがふる。
4 今日より少しあたたかい。

🔊 해석

남자와 여자가 이야기하고 있습니다. 내일 날씨는 어떻습니까?

M 오늘도 눈이네.

F 게다가 바람도 세니까 춥기도 하고 계속 집에 있어.

M 요즘 비가 많이 내리기도 하고, 바람이 세기도 하고, 눈이 내리기도 해서 추운걸.

F 하지만, 다음 주부터는 조금 풀린대.

M 다음 주부터라. 내일은 다카시 야구 시합이잖아, 날씨는 괜찮으려나.

F TV에서 오늘하고 같다던데.

M 큰일이네. 감기 안 걸리게 조심해야겠다.

F 그보다 중지될지도 몰라.

내일 날씨는 어떻습니까?

1 눈이 내리고 바람이 세다.

2 비가 내리고 바람이 세다.

3 비가 내린 후에 눈이 내린다.

4 오늘보다 조금 따뜻하다.

PART 2　포인트 이해

1

📝 스크립트　Tr2-2

夫婦で買い物をしています。男の人はどうして
セーターを買わないのですか。

F ねえ、赤は似合わないかしら？ やっぱり白の
セーターにしといたほうがいい？

M いや、どっちもよく似合ってるよ。

F そう？ じゃ、思いきって赤いの買ってみよっ
と。あなたはどうする？

M ぼくはいいよ。

F あら、どうして？ 赤は派手すぎる？

M いや、色の問題じゃなくて。おそろいのセーター
なんて恥ずかしいよ。

F いっしょに着て歩かなきゃいいでしょ。
黒いのならいいんじゃない？

M だからいいってば。

男の人はどうしてセーターを買わないのです
か。
1 赤いセーターははでだから
2 同じセーターを着るのがいやだから
3 気に入った色がないから
4 買い物するのにつかれたから

🔍 해석

부부가 쇼핑을 하고 있습니다. 남자는 왜 스웨터를 사지 않
습니까?

F 여보, 빨간색은 안 어울릴까? 역시 하얀색 스웨터로 하는
게 나아?

M 아니, 둘 다 잘 어울려.

F 그래? 그럼 과감하게 빨간색 사 볼까나. 당신은 어떻게 할래?

M 난 됐어.

F 어머, 왜? 빨간색이 너무 화려해?

M 아니, 색깔 문제가 아니라. 둘이 스웨터 맞춰 입는 게 창피하지.

F 같이 입고 안 다니면 되잖아.
검은색이면 괜찮지 않아?

M 아니, 됐다니까.

남자는 왜 스웨터를 사지 않습니까?

1 빨간색 스웨터는 화려해서
2 **같은 스웨터를 입는 것이 싫어서**
3 마음에 드는 색이 없어서
4 쇼핑하기 피곤해서

2

📋 **스크립트** Tr2-3

病院で話をしています。女の人が看護婦になったのはどうしてですか。

M 森さんはいつごろ看護婦さんになろうと思ったんですか?

F え? ああ、小学生のときですね。

M へえ。すてきな看護婦さんにあこがれちゃったんだ。

F いえ、先生に。

M ああ、先生に恋しちゃったんだ。

F というより、先生のおかげで入院生活が楽しかったんですよ。それに子どものころから会社で働こうと思ったことは一度もなくて。

M 子どものとき入院なんかしたら病院がきらいになりそうなもんだけど。

F そうですよね。自分でもどうしてだかよく分からないんですけど、そう決めてたんですよね。

女の人が看護婦になったのはどうしてですか。

1 小学生のときに決めていたから
2 かんごふにあこがれていたから
3 すきな医者がいたから
4 入院生活が楽しかったから

📖 **해석**

병원에서 이야기를 하고 있습니다. 여자가 간호사가 된 것은 왜입니까?

M 모리 씨는 언제쯤 간호사가 되려고 생각했나요?

F 네? 아, 초등학교 때요.

M 와. 멋진 간호사를 동경했군요.

F 아니오, 의사 선생님을요.

M 아, 선생님에게 반해버렸군요.

F 그렇다기보다는 선생님 덕분에 입원 생활이 즐거웠거든요. 그리고 어렸을 때부터 회사에서 일하고 싶었던 적은 한 번도 없어서요.

M 어렸을 때 입원 같은 거 하면 병원이 싫어질 텐데요.

F 그렇죠. 저도 이유는 잘 모르겠지만, 그렇게 정했었어요.

여자가 간호사가 된 것은 왜입니까?

1 **초등학생 때 정했기 때문에**
2 간호사를 동경했기 때문에
3 멋진 의사가 있었기 때문에
4 입원 생활이 즐거웠기 때문에

3

📋 **스크립트** Tr2-4

デパートで女の人がケーキをすすめています。何を注意するように言っていますか。

F お客さま、こちらのプチケーキいかがでしょうか? ちょっと召し上がってみてください。一口サイズでお子さんにも食べやすいんですよ。手がよごれないようになってますでしょ。甘すぎなくておいしいですから、食べ過ぎちゃうかもしれませんよ。気をつけてくださいね。

カロリーにも気を使ってますから、お母さんがたもどうぞ。

何を注意するように言っていますか。

1 子どもが食べるには大きいこと
2 手がよごれること
3 食べすぎること
4 カロリーが多いこと

🔊 해석

백화점에서 여자가 케이크를 권하고 있습니다. 무엇을 주의하라고 말하고 있습니까?

F 손님, 이 작은 케이크 어떠세요? 좀 드셔 보세요. 한 입 크기로 아이도 먹기 좋아요. 손에 묻지 않게 되어 있지요? 너무 달지 않고 맛있어서 많이 먹게 될지도 몰라요. 조심하세요. 칼로리에도 신경을 썼기 때문에 어머님들도 드셔 보세요.

무엇을 주의하라고 말하고 있습니까?

1 아이가 먹기에는 크다는 것
2 손에 묻는 것
3 너무 많이 먹는 것
4 칼로리가 많은 것

4

🔊 스크립트　Tr2-5

女の人がプレゼントの選び方について話しています。女の人はどんなことをアドバイスしていますか。

F プレゼントを選ぶのは難しいですよね。自分がもらってうれしいと思うものをあげるといいと言う人もいますが、相手もこれで喜んでくれるかどうか不安ですし、迷ってしまいますよね。ポイントは相手の悩みや困っていることが何だったか思い出して、それに役立つアイディア商品をあげることです。インターネットなど

で探してみると、面白いものが見つかると思いますよ。

女の人はどんなことをアドバイスしていますか。

1 自分がもらってうれしいものをあげればいい。
2 自分があげたいと思うものをあげればいい。
3 相手のなやみが解消できるようなものをあげるといい。
4 インターネットで紹介しているものをあげたほうがいい。

🔊 해석

여자가 선물을 고르는 방법에 대해 이야기하고 있습니다. 여자는 어떤 것을 조언하고 있습니까?

F 선물을 고르는 일은 어렵지요. 자기가 받아서 기분 좋은 것을 주면 좋다고 하는 사람도 있지만, 상대방도 그것을 기뻐해 줄지 불안하고, 고민하게 되지요. 포인트는 상대의 고민이나 곤란해 하고 있는 것이 무엇이었나 생각해내서 그것에 도움이 되는 아이디어 상품을 주는 것입니다. 인터넷 등에서 찾아보면 재미있는 것을 발견할 수 있을 거예요.

여자는 어떤 것을 조언하고 있습니까?

1 자기가 받아서 기쁜 것을 주면 된다.
2 자신이 주고 싶다고 생각하는 것을 주면 된다.
3 상대의 고민을 해결할 수 있을 만한 것을 주는 것이 좋다.
4 인터넷에서 소개하는 것을 주는 편이 좋다.

5

🔊 스크립트　Tr2-6

男の人が「子どもの主張」という大会に行って感じたことを話しています。日本と海外の子もの発表の違いは何ですか。

M 発表は一人5分で、テーマはさまざまです。日本の子どもは家族や地域とのつながりや、いじめの問題などについて語ってくれました。でも、海外の子どもたちの発表した民族や宗

教、戦争や貧しさなど、世界に目を向けた内容にはちょっとびっくりしました。全員大きな声でいっしょうけんめい話していました。大人と違って考え方が自由で新鮮なところもよかったですね。

日本と海外の子どもの発表の違いは何ですか。

1 時間
2 テーマ
3 話し方
4 考え方

해석

남자가 「아이의 주장」이라는 대회에 가서 느낀 점을 이야기하고 있습니다. 일본 아이들과 외국 아이들의 차이점은 무엇입니까?

M 발표는 한 명당 5분으로, 테마는 각양각색입니다. 일본 아이들은 가족이나 지역과의 유대나 왕따 문제 등에 대해 이야기해 주었습니다. 하지만 외국 아이들이 발표한 민족이나 종교, 전쟁과 빈곤 등 세계에 눈을 돌린 내용에는 약간 놀랐습니다. 모두 큰 소리로 열심히 이야기했습니다. 어른과 달리 사고방식이 자유롭고 신선한 점이 좋았어요.

일본 아이들과 외국 아이들의 차이점은 무엇입니까?

1 시간
2 테마
3 말하는 방법
4 사고방식

6

스크립트 Tr2-7

男の人と女の人が話しています。女の人は今から何を作りますか。

F 見て、見て。このセーター自分で編んだの。

M うまいじゃない。ぼくのも編んでよ。

F クリスマスにマフラーあげたじゃない。セーターは時間かかるんだもん。今からじゃ春になっちゃうわよ。

M ぼくは、次のクリスマスでもいいんだけど。

F え〜、今から次のクリスマスプレゼントの申し込み? わかった、わかった。

M やったぁ。あれ? どこ行くの?

F 弟に編んだげるマフラーの毛糸、買いに行こうと思って。

M それならぼくもつきあうよ。セーターの毛糸、ぼくが好きなの選んどく。

女の人は今から何を作りますか。

1 自分のセーター
2 男の人のマフラー
3 弟のマフラー
4 男の人のセーター

해석

남자와 여자가 이야기하고 있습니다. 여자는 지금부터 무엇을 만듭니까?

F 봐, 봐. 이 스웨터 내가 짰어.

M 잘 만들었네. 내 것도 짜 줘.

F 크리스마스에 목도리 줬잖아. 스웨터는 오래 걸려. 지금부터 만들면 봄이 될 거야.

M 난 다음 크리스마스도 괜찮은데.

F 에이~, 지금부터 다음 크리스마스 선물 신청하는 거야? 알았어, 알았어.

M 야호. 어? 어디 가?

F 남동생한테 짜 줄 목도리 털실, 사러 가려고.

M 그러면 나도 같이 가자. 스웨터 털실, 내가 좋아하는 거 골라 놓을게.

여자는 지금부터 무엇을 만듭니까?

1 자기 스웨터
2 남자 목도리
3 남동생 목도리
4 남자 스웨터

7

📇 스크립트　Tr2-8

男の人と女の人が話しています。男の人はどうして今日、ケーキを予約しませんか?

M　子どものバースデーケーキを予約したいんですが。

F　ありがとうございます。いつがよろしいでしょうか?

M　来週の金曜日なんですが、大丈夫でしょうか?

F　ええと、来週の金曜日ですね。ちょっと混んでいますが、午後5時より遅い時間でしたら。

M　ああ、よかった。このキャラクターバースデーケーキのアンパンマンで6人用マンゴー入りお願いします。

F　マンゴー入りですと、季節の果物ではないので、1500円高くなりまして、5500円になります。

M　え? 高いですね。

F　いちごですと、季節の果物ですので、4000円になります。

M　好きな物食べさせてあげたいし、ちょっと考えてみます。

男の人はどうして今日、ケーキを予約しませんか?

1　お店がいそがしくて来週の金曜日は無理だから

2　すきなキャラクターのケーキがないから

3　すきなくだ物のケーキがないから

4　すきなくだ物のケーキが高いから

📇 해석

남자와 여자가 이야기하고 있습니다. 남자는 왜 오늘 케이크를 예약하지 않습니까?

M　아이 생일 케이크를 예약하고 싶은데요.

F　고맙습니다. 언제가 좋으세요?

M　다음 주 금요일인데요. 괜찮나요?

F　음, 다음 주 금요일이요. 주문이 좀 밀려서요. 오후 5시보다 늦은 시간이면 되겠습니다.

M　아, 다행이다. 이 캐릭터 호빵맨 생일 케이크로, 6인용 망고가 들어간 걸로 주세요.

F　망고가 들어간 것은 제철 과일이 아니라 1500엔 비싸져서 5500엔입니다.

M　네? 비싸네요.

F　딸기는 제철 과일이라 4000엔입니다.

M　좋아하는 거 사 주고 싶기도 하고, 좀 생각해 볼게요.

남자는 왜 오늘 케이크를 예약하지 않습니까?

1　가게가 바빠서 다음 주 금요일은 무리라서

2　좋아하는 캐릭터 케이크가 없어서

3　좋아하는 과일 케이크가 없어서

4　좋아하는 과일 케이크가 비싸서

8

📇 스크립트　Tr2-9

テレビで医者がカルシウムについて話しています。カルシウムをとるために大事なことは何だと言っていますか。

M　日本人はカルシウム不足の人が多く、牛乳を飲むのがいいと言う人もいますが、体に合わない人も多いようです。それよりは日本で昔から食べられている魚など海の物からとるほうがいいでしょう。しかし、カルシウムをとるだけではだめでして。カルシウムは日光を浴びる事によってはじめて体に吸収されやすくなりますから。昼間、外に出る事がとても大切です。カルシウムのサプリメントもいろいろありますが、これも同じように日光を浴びないと飲ん

だだけではいけないということを覚えていてください。

カルシウムをとるために大事なことは何だと言っていますか。

1 牛乳を飲むこと
2 魚を食べること
3 日光をあびること
4 サプリメントを飲むこと

📋 해석

텔레비전에서 의사가 이야기하고 있습니다. 칼슘을 섭취하기 위해 중요한 것은 무엇이라고 말하고 있습니까?

M 일본인은 칼슘이 부족한 사람이 많아서 우유를 마시는 것이 좋다고 하는 사람도 있지만, 몸에 맞지 않는 사람도 많은 것 같습니다. 그보다도 일본에서 옛날부터 먹어 왔던 생선 등 바다에서 채집한 것으로 섭취하는 편이 좋겠습니다. 그러나 칼슘을 섭취하는 것만으로는 안 되는데요. 칼슘은 햇빛을 쏘여야만 비로소 몸에 잘 흡수되기 때문입니다. 낮 동안에 밖에 나가는 것이 매우 중요합니다. 칼슘제도 여러 가지 있지만 이것도 마찬가지로 햇빛을 쏘이지 않으면, 먹기만 해서는 안 된다는 것을 잊지 마세요.

칼슘을 섭취하기 위해 중요한 것은 무엇이라고 말하고 있습니까?

1 우유를 마시는 것
2 생선을 먹는 것
3 햇빛을 쏘이는 것
4 영양제를 먹는 것

9

📋 스크립트　Tr2-10

男の人と女の人が話しています。男の人はどうしてアメリカに家族を連れて行きませんか。

F ねえ、今度、仕事でアメリカに行くことになったって聞いたけど、ご家族も一緒に行くんでしょう？

M いや、それが一人で行くことにしたんだよ。

F あら、どうして？

M まあ、息子の学校の事も問題ないし、安全のほうも問題なさそうなんだけど。

F 奥さん、また具合悪いの？　前に大きな病気したわよね。

M 妻の方は、医者からはアメリカの病院に通えばいいからって言われたんだけど、妻の母の具合が最近ちょっとね。

F それは心配ね。

M だから、うちのやつはどうしても日本にいたいって言うし、できれば息子も今の学校に通いたいって言ってるしさ。

F なるほどね。気持ち分かるわ。

男の人はどうしてアメリカに家族を連れて行きませんか。

1 子どもの教育問題があるから
2 安全じゃなさそうだから
3 おくさんのぐあいが悪いから
4 おくさんのお母さんのぐあいが悪いから

📋 해석

남자와 여자가 이야기하고 있습니다. 남자는 왜 미국에 가족을 데리고 가지 않습니까?

F 있잖아, 이번에 일 때문에 미국에 가게 되었다고 들었는데, 가족도 함께 가는 거지?

M 아니, 그게 혼자서 가게 됐어.

F 어머, 왜?

M 뭐, 아들 학교 일도 문제 없고, 안전면도 문제 없어 보이긴 하는데.

F 부인, 또 몸이 안 좋아? 전에 크게 아팠잖아.

M 아내는 의사가 미국 병원에 다니면 된다고 했는데, 장모님 몸 상태가 요즘 좀.

F 그거 걱정이다.

M 그래서 아내는 아무래도 일본에 있고 싶다고 하고, 되도

록이면 아들도 지금 학교에 다니고 싶다고 해서.

F　그렇구나. 어떤 심정인지 알겠다.

남자는 왜 미국에 가족을 데리고 가지 않습니까?

1　아이의 교육 문제가 있어서
2　안전하지 않을 것 같아서
3　아내의 상태가 좋지 않아서
4　**아내의 어머니 상태가 좋지 않아서**

10

🔊 **스크립트**　Tr2-11

男の人と女の人が話しています。男の人はどうして朝ごはんを準備する必要がないと言ったのですか。

F　ねえ、明日の朝ごはんパンでいいよね？

M　いや、明日から自分で準備するから要らないよ。お、その顔、喜んでるな？

F　だって、一度も料理なんてしたことないのにどうしたのよ。新しいダイエットでも始めるの？

M　ダイエットなんて古いよ。最近、友達に教えてもらった健康法なんだけど、昼までは果物だけ食べるってのが体にいいんだってさ。

F　へえ。よく分からないけど、おなかが空きすぎて仕事中に倒れないでよ。

M　まあ、見ててくれよ。

F　はい、はい。期待してます。

男の人はどうして朝ごはんを準備する必要がないと言ったのですか。

1　おくさんをよろこばせたいから
2　新しいダイエットをしたいから
3　くだものを食べるだけだから
4　おくさんに体にいいことを教えたいから

🔊 **해석**

남자와 여자가 이야기하고 있습니다. 남자는 왜 아침밥을 준비할 필요가 없다고 말했습니까?

F　여보, 내일 아침밥 빵도 괜찮지?

M　아니, 내일부터 내가 준비할 테니까 필요 없어. 오, 그 얼굴, 기뻐?

F　그렇잖아, 한 번도 요리 같은 거 한 적 없으면서, 웬일이야? 새로운 다이어트라도 시작하는 거야?

M　다이어트는 옛말이야. 최근에 친구가 가르쳐 준 건강법인데, 점심까지는 과일만 먹는 게 몸에 좋대.

F　그래? 잘 모르겠지만, 너무 배가 고파서 일하다가 쓰러지지 마.

M　뭐, 두고 보면 알아.

F　네, 네. 기대할게요.

남자는 왜 아침밥을 준비할 필요가 없다고 말했습니까?

1　부인을 기쁘게 해 주고 싶어서
2　새로운 다이어트를 하고 싶어서
3　**과일을 먹기만 하면 되어서**
4　부인에게 몸에 좋은 것을 알려주고 싶어서

11

🔊 **스크립트**　Tr2-12

男の人と女の人が旅行の話をしています。イギリスに行く一番の理由は何ですか。

F　わたし、ヨーロッパに行きたいな。

M　いいね。でも、オレあんまり金ないよ。

F　それは私も同じ。でも、こないだヨーロッパ5万円って航空券見つけたの。

M　ほんとに？ それなら行けるかも。でも、1ヵ国だけにしたいんだけど。

F　あら、どうして？

M　去年、1週間で3ヵ国まわるツアーで家族旅行したんだけど、すっごくハードでさ。

F　大変だったでしょう。私も移動に時間かけるより、その分ゆっくりしたいな。

M だろ？ 本場で大好きなミュージカルをたくさん見ようよ。

F そうそう、それが私の夢だったのよ～。

M オレも。それにはイギリスが一番だよな。

イギリスに行く一番の理由は何ですか。

1 お金があまりないから
2 安い航空券があるから
3 ツアー旅行はスケジュールが大変だから
4 ミュージカルが見たいから

📖 해석

남자와 여자가 여행 이야기를 하고 있습니다. 영국에 가는 가장 큰 이유는 무엇입니까?

F 나, 유럽에 가고 싶어.

M 좋지. 하지만 난 돈 별로 없어.

F 그건 나도 똑같아. 그런데 얼마 전에 유럽 5만 엔 항공권 발견했어.

M 정말? 그러면 갈 수 있을지도. 하지만 한 나라만 가고 싶은데.

F 어머, 왜?

M 작년에 1주일 동안 3개국 투어로 가족여행 다녀왔는데, 너무 힘들었거든.

F 힘들었겠다. 나도 이동하는데 시간 들이는 것보다 그만큼 차분히 여행하고 싶어.

M 그렇지? 본고장에서 아주 좋아하는 뮤지컬을 많이 보자.

F 그래그래, 그게 내 꿈이었어~.

M 나도. 그러려면 영국이 제일이지.

영국에 가는 가장 큰 이유는 무엇입니까?

1 돈이 별로 없어서
2 싼 항공권이 있어서
3 투어 여행은 스케줄이 힘들어서
4 뮤지컬을 보고 싶어서

12

📖 스크립트 Tr2-13

男の人と女の人が話しています。女の人はどうして社員旅行に行かないのですか。

M 会社の旅行、行かないんだって？

F そうなの。夫がいい顔しないのよ。

M 結婚したばかりだから仕方ないよ。

F そうかな。わたしは行きたいんだけど。

M そう言えば、森さんも行かないんだって？ 子どもさんの具合が悪いとかって。

F そうなのよ。やっぱり子どもがいると大変ね。お母さんの具合もよくないらしいし。

M そうか。

女の人はどうして社員旅行に行かないのですか。

1 夫が反対しているから
2 結婚したばかりだから
3 子どものぐあいが悪いから
4 お母さんのぐあいが悪いから

📖 해석

남자와 여자가 이야기하고 있습니다. 여자는 왜 회사 직원 여행에 가지 않습니까?

M 회사에서 가는 여행, 안 간다며?

F 응. 남편이 싫은 내색을 하네.

M 결혼한 지 얼마 안 됐으니 어쩔 수 없지 뭐.

F 그런가? 나는 가고 싶은데.

M 그러고 보니 모리 씨도 안 간다며? 아이가 아파서라나.

F 그래. 역시 아이가 있으면 힘들지. 어머님 몸 상태도 안 좋으신 것 같고.

M 그렇구나.

여자는 왜 회사 직원 여행에 가지 않습니까?

1 남편이 반대해서
2 결혼한 지 얼마 안 돼서
3 아이가 아파서

4 어머니가 아파서

13

🔊 **스크립트**　Tr2-14

女の人と男の人が話しています。女の人はどうしてインターネットで洋服を買わないのですか。

F すてきなジャケットね。

M いいだろ。インターネットで買ったんだ。

F まあ、洋服まで買うの？ 心配じゃない？

M 何が？

F 体に合うかとか、色が思ったのと違うとかいろいろあるじゃない。

M ぼくの場合、店で買いたい洋服をチェックしてから買うんだ。ネットショップの方が安いしね。もしかして、クレジットカードを使うのがいやなの？

F そうじゃないのよ。ネットで食べ物を買ったりするし、それはいいんだけどね。洋服は着てみないと体に合うかどうか分からないから。

M そうか。色は最近の写真はすごくよくてあんまり問題ないよ。

F うん、その点は心配してないんだけどね。

女の人はどうしてインターネットで洋服を買わないのですか。

1 体に合うか分からないから
2 写真と色が同じか分からないから
3 ネットショップの方が高いから
4 クレジットカードを使いたくないから

📢 **해석**

여자와 남자가 이야기하고 있습니다. 여자는 왜 인터넷에서 옷을 사지 않습니까?

F 재킷 멋지다.

M 괜찮지? 인터넷에서 샀어.

F 어머, 옷까지 사? 걱정 안 돼?

M 뭐가?

F 몸에 잘 맞을지나, 색이 생각한 거랑 다르거나 여러 가지 있잖아.

M 나 같은 경우는 가게에서 사고 싶은 옷을 체크하고 나서 사거든. 인터넷 쇼핑이 싸니까. 혹시 신용카드를 쓰는 게 싫은 거야?

F 아니. 인터넷에서 먹는 것을 사기도 하고, 그건 괜찮은데. 옷은 입어보지 않으면 몸에 잘 맞을지 모르니까.

M 그렇구나. 색깔은 요즘 사진이 아주 좋아서 별로 문제없어.

F 응, 그 점은 걱정 안 되지만.

여자는 왜 인터넷에서 옷을 사지 않습니까?

1 **몸에 잘 맞을지 몰라서**
2 사진과 색깔이 같을지 몰라서
3 인터넷 쇼핑이 비싸서
4 신용 카드를 쓰고 싶지 않아서

14

🔊 **스크립트**　Tr2-15

女の人がお菓子について話しています。どうして女の人はお菓子を店で買うのですか。

F 日本の女性って、本当にお料理に時間をかける人が多いですよね。食事ならともかく、お菓子まで毎日自分で手作りする人がいるのには驚きます。働いている女性はもちろん、主婦だって時間がいっぱいあるわけじゃないのに。私も昔は自分でケーキやクッキーを作っていたこともありました。でも、実は自分で作る方が、お金がかかることが多いんですよね。楽しいから趣味でやるというならいいですけど、おいしいお菓子が食べたいという理由だけなら、お店で買ったほうがずっといいので私はそうしています。

どうして女の人はお菓子を店で買うのですか。

1 おかしを作る時間がないから

2 自分でケーキやクッキーを作って失敗したから

3 お店で買ったほうが安いことが多いから

4 おいしいおかしが食べたいから

해석

여자가 과자에 대해 이야기하고 있습니다. 왜 여자는 과자를 가게에서 삽니까?

F 일본 여성은 정말로 요리에 시간을 들이는 사람이 많습니다. 식사는 그렇다 치고, 과자까지 매일 손수 만드는 사람이 있다는 것은 놀랍습니다. 일하는 여성은 물론이거니와 주부도 시간이 많이 있는 것이 아닐텐데요. 저도 예전에는 직접 케이크나 쿠키를 만들었던 적도 있습니다. 하지만 사실 손수 만드는 편이 돈이 드는 경우가 많지요. 즐거우니까 취미로 하는 것이라면 괜찮지만, 맛있는 과자를 먹고 싶다는 이유 뿐이라면 가게에서 사는 것이 훨씬 낫기 때문에 저는 그렇게 하고 있습니다.

왜 여자는 과자를 가게에서 삽니까?

1 과자를 만들 시간이 없어서

2 직접 케이크나 쿠키를 만들어서 실패했기 때문에

3 가게에서 사는 편이 싼 경우가 많기 때문에

4 맛있는 과자를 먹고 싶기 때문에

PART 3 개요 이해

1

스크립트 Tr3-2

警察の人と女の人が話しています。

M ああ、佐藤さんですね。お宅で飼っている犬が、毎日夜おそくまでワンワンほえてうるさいって電話が来てるんですよ。

F え、うちの犬がですか。

M ええ、近所の人達が眠れないって。どうにかなりませんかね。

F うちのワンちゃんは普段は静かなんですよ。

M そうですか? それよりこのマンションでは犬を飼ってはいけないと聞きましたが。

F いいえ、オーナーさんはいいと言ってくれましたよ。

M それは変だなぁ。とにかく、お宅の犬、近所の子どもをかんだこともあるそうですね。このままだと保健所に電話するって、みなさん言ってますよ。

F 保健所? うちの犬を殺すってことですか? それは困ります。これからちゃんとしますから。

近所の人たちは、誰に直接クレームを言いましたか。

1 犬を飼っている女の人

2 警察の人

3 マンションのオーナー

4 保健所

🔊 해석

경찰관과 여자가 이야기하고 있습니다.

M 아, 사토 씨죠? 댁에서 기르고 있는 개가 매일 밤 늦게까지 멍멍 짖어서 시끄럽다는 전화가 와서요.

F 어, 우리 집 개가요?

M 네, 이웃 사람들이 잠을 못 잔다고 합니다. 어떻게 안 될까요?

F 우리 집 개는 평소에 조용해요.

M 그런가요? 그보다 이 아파트에서는 개를 키워서는 안 된다고 들었는데요.

F 아니오, 집주인은 괜찮다고 했어요.

M 그거 이상하네. 어쨌든 댁의 개가 이웃집 아이를 문 적도 있다지요? 이대로 두면 이웃 사람들이 보건소에 전화하겠다고 합니다.

F 보건소요? 우리 집 개를 죽인다는 말이에요? 그건 안 돼요. 앞으로 잘할게요.

이웃 사람들은 누구에게 직접 민원을 전했습니까?

1 개를 키우고 있는 여자
2 경찰관
3 아파트 주인
4 보건소

2

📝 스크립트   Tr3-3

男の人と女の人が話しています。

F 田中くん、最近なんだか元気がないみたいだけど…。

M ああ、やっぱり分かる？　もうすぐ期末試験があるからさ。

F 大変ねぇ。

M でも、試験を受ける学生の方がもっと大変だよ。あ〜、早く夏休みにならないかな。

F この夏はどこか行くの？

M うん、イギリスに1週間ほど。シェイクスピアの舞台が新しくなってさ。いい俳優がいるんだよ。

F え、また行くの？　冬にも行ったよね？　田中くん、旅行ガイド以上にイギリスに詳しいんじゃないの。今度私もイギリス行くから、色々教えてくれない？

M もちろんいいよ。本当なら一緒に行ってあげたいぐらいだよ。ガイドは得意なんだ。

F そうねぇ、田中君が男性じゃなければお願いするんだけどね。

男の人はどんな仕事をしていますか。
1 教師
2 学生
3 俳優
4 旅行ガイド

🔊 해석

남자와 여자가 이야기하고 있습니다.

F 다나카 군, 요즘 왠지 기운이 없어 보이는데….

M 아, 역시 그래 보여? 이제 곧 기말시험이 있어서.

F 힘들겠구나.

M 하지만 시험을 치르는 학생이 더 힘들지. 아~, 어서 여름방학이 됐으면 좋겠어.

F 이번 여름에는 어디 갈 거야?

M 어, 영국에 1주일 정도. 셰익스피어 무대가 새로워져서. 좋은 배우가 있거든.

F 어, 또 가는 거야? 겨울에도 갔었지? 다나카 군, 여행 가이드보다 더 영국에 대해 잘 아는 거 아냐? 다음에 나도 영국에 갈 테니까 이것저것 알려 줄래?

M 그럼, 좋지. 마음 같아서는 같이 가 주고 싶어. 가이드 잘하거든.

F 그래, 다나카 군이 남자만 아니면 부탁할 텐데.

남자는 어떤 일을 하고 있습니까?

1 교사
2 학생
3 배우
4 여행가이드

3

🔊 **스크립트**　Tr3-4

_{おんな ひと はな}
女の人が話しています。

F 「テレビは教育に良くない」と言って、子どもに絶対テレビを見せない親がいます。確かに、中には子どもに良くない内容のテレビ番組もあります。でも、子どものために作られた、本当に役に立つ良い番組もあります。もちろん、子どもに見せる番組や見せる時間は、親がちゃんと決めなければいけません。子どもの自由に見せていたら、朝から夜までテレビを見続けるでしょう。だからといって、家にテレビを置かないというのは、ちょっとどうかと思います。

女の人は子どもとテレビについて、どう言っていますか。

1 テレビは子どもの教育に良くないから、見せない方がいい。

2 最近、子どものために作られた、役に立つ良い番組がたくさん出てきた。

3 子どもの役に立つ良い番組もあるから、親が決めて見せるのは良い。

4 子どものためには、家にテレビを置かない方がいい。

📖 **해석**

- -

여자가 이야기하고 있습니다.

F '텔레비전은 교육에 좋지 않다'고 하여, 아이에게 절대로 텔레비전을 보여주지 않는 부모가 있습니다. 분명, 개중에는 아이에게 좋지 않은 내용의 TV 프로그램도 있습니다. 그러나 아이를 위해 만들어진 정말로 도움이 되는 좋은 프로그램도 있습니다. 물론 아이에게 보여주는 프로그램이나 보여주는 시간은 부모님이 잘 정해야 합니다. 아이에게 자유롭게 보여준다면 아침부터 밤까지 텔레비전을 계속 보겠지요. 그렇다고 해서 집에 텔레비전을 두지 않는 것은 별로 좋지 않은 것 같습니다.

여자는 아이와 텔레비전에 대해 어떻게 말하고 있습니까?

1 텔레비전은 아이의 교육에 좋지 않으니까 보여주지 않는 편이 좋다.

2 요즘 아이를 위해 만들어진, 도움이 되는 좋은 프로그램이 많이 나왔다.

3 **아이에게 도움이 되는 좋은 프로그램도 있으므로, 부모가 정해서 보여주는 것은 좋다.**

4 아이를 위해서는 집에 텔레비전을 두지 않는 편이 좋다.

4

🔊 **스크립트**　Tr3-5

_{おとこ ひと はな}
男の人が話しています。

M ここ10年ほどで、この国でも海外に留学する人が急に増えました。以前は高校生や大学生の留学が多かったのですが、今は小さい子どもや、一度社会に出た人が会社を辞めて留学するケースも増えています。留学した人に取ったアンケートでは、「英語を勉強するため」という答えの他にも、「大好きな美術館にたくさん行くため」「自分の人生を変えるため」「一度は外国に住んでみたかったから」といった答えも見られました。留学は、言葉を学ぶためだけのものではなくなっているようです。

男の人は、どのようなアンケートについて話していますか。

1 留学する人の数

2 留学する人の年齢

3 留学する理由

4 留学した国で何を学ぶか

📖 **해석**

- -

남자가 이야기하고 있습니다.

M 최근 10년 사이에 우리 나라에도 해외에 유학하는 사람

이 급격히 늘었습니다. 예전에는 고등학생이나 대학생의 유학이 많았는데요, 지금은 어린아이나 일단 사회에 나온 사람이 회사를 그만두고 유학하는 경우도 늘고 있습니다. 유학한 사람에게 조사한 앙케트에서는, '영어를 공부하기 위해'라는 대답 외에도, '좋아하는 미술관에 많이 가기 위해', '자기 인생을 바꾸기 위해', '외국에 한 번 살아보고 싶었기 때문에'와 같은 대답도 볼 수 있었습니다. 유학은 말을 배우기 위해서만 하는 것이 아니게 된 듯합니다.

남자는 유학에 관한 어떠한 앙케트에 대해 이야기하고 있습니까?

1 유학하는 사람의 수
2 유학하는 사람의 연령
3 유학하는 이유
4 유학한 나라에서 무엇을 배우는가

5

📢 **스크립트**   Tr3-6

女子学生と男子学生が話しています。

M あ、美紀。明日の現代文化論の授業、出るよね?

F うん、もちろん。なんで?

M オレ、土曜日にライブをやるって言っただろ?

F そっか、土曜日、ライブだったんだっけ? ごめんごめん、忘れてた。私も行くからさ。

M あ、ありがとう。で、ほら、出来れば明日はずっと練習をしたいんだよ。でも、もうすぐテストもあるじゃん。あの授業、1回でも休むと、授業の内容が分からなくなっちゃうからどうしようかと思って…。美紀なら授業もちゃんと出るかなって…。

F あ、そういうこと。大丈夫だよ、ちゃんと書いて、来週見せてあげるから。

M 悪いな。今日のランチはオレにおごらせてくれよ。

F やった! じゃあステーキセットにしようっと。

男子学生は女子学生に、何をお願いしましたか。

1 授業に代わりに出てほしい
2 土曜日のライブに来てほしい
3 授業のノートを見せてほしい
4 ランチをおごらせてほしい

📢 **해석**

여학생과 남학생이 이야기하고 있습니다.

M 아, 미키. 내일 현대문화론 수업, 들어가지?

F 응, 그럼. 왜?

M 나, 토요일에 라이브를 한다고 했지?

F 그래, 토요일에 라이브라 그랬나? 미안, 미안, 까먹었어. 나도 갈게.

M 아, 고마워. 그래서, 있잖아, 가능하면 내일은 쭉 연습을 하고 싶거든. 하지만 이제 곧 시험도 있잖아. 그 수업 한 번이라도 빠지면, 수업 내용을 모르게 되니까 어떻게 해야 하나 싶어서…. 미키라면 수업에도 확실히 출석할 테고….

F 아, 그 얘기. 괜찮아, 필기 잘해서 다음 주에 보여 줄 테니까.

M 고마워. 오늘 점심은 내가 살게.

F 야호! 그럼 스테이크세트 먹어야지.

남학생은 여학생에게 무엇을 부탁했습니까?

1 수업에 대신 들어가 주면 좋겠다.
2 토요일 라이브에 와 주면 좋겠다.
3 수업 노트를 보여 주면 좋겠다.
4 점심을 사게 해 주면 좋겠다.

6

📢 **스크립트**   Tr3-7

先生が地震について話しています。

M 大きな地震があったときのために何か準備していますか? していない人はご家族と話す時間を持って下さい。日本は世界でも特に

地震が多い国で、何十年かに一度は家がこわれてしまうほど大きな地震がありました。それらの大変な経験から準備することがとても大切だということが分かっています。いつ地震が来るかということは誰にも分かりません。ぜひ、ご家族と万が一の時のことを一度考えてみてください。それが、大切な家族のために今できることです。

大切なことは何だと言っていますか。

1 地震があったらどうするか家族と話しあうこと
2 日本は世界でも地震が多い国だということ
3 日本で家がこわれるほどの地震があったこと
4 いつ地震が来るか分からないということ

🔊 해석

선생님이 지진에 대해 이야기하고 있습니다.

M 큰 지진이 일어났을 때를 위해 무언가 준비하고 있습니까? 준비하지 않은 사람은 가족과 이야기하는 시간을 가지세요. 일본은 세계에서도 특히 지진이 많은 나라로, 몇 십 년에 한 번은 집이 무너져버릴 정도로 큰 지진이 일어났습니다. 그러한 힘든 경험을 겪으면서 준비하는 것이 매우 중요하다는 것을 알았습니다. 언제 지진이 올 지는 아무도 모릅니다. 꼭 가족과 만일의 경우를 한 번 생각해 보세요. 그것이 소중한 가족을 위해 지금 할 수 있는 일입니다.

중요한 것은 무엇이라고 말하고 있습니까?

1 지진이 났을 때 어떻게 할지 가족과 대화하는 것
2 일본은 세계에서도 지진이 많은 나라라는 것
3 일본에서는 집이 무너질 정도의 지진이 났다는 것
4 언제 지진이 올지 모른다는 것

7

🔊 **스크립트** Tr3-8

女の人が文化センターに来ました。

F あの、市民教室の受付はこちらでしょうか?

M ええ、そうですよ。

F フラダンス教室に興味があるのですが、もっとくわしい事を聞きたくて伺いました。

M あ、そうですか。ちょうど1時からフラダンス教室がありますから、見て行かれたらいかがですか?

F いいんですか?

M ええ、先生も見学OKとのことですから。でも、1時間くらい時間がありますね。

F 上の図書館で読みたい本もありますから大丈夫ですよ。時間になったら教室に伺います。

M はい、それでは1時に2階のA教室にどうぞ。

女の人は文化センターに何をしに来ましたか?

1 フラダンス教室の受付に来た。
2 フラダンス教室について聞きに来た。
3 フラダンス教室の練習を見に来た。
4 図書館に本を読みに来た。

🔊 해석

여자가 문화센터에 왔습니다.

F 저기, 시민교실 접수는 여기인가요?

M 네, 그렇습니다.

F 훌라 댄스 교실에 흥미가 있는데요, 좀 더 자세한 것을 듣고 싶어서 찾아왔어요.

M 아, 그러세요? 마침 1시부터 훌라 댄스 교실이 있으니까 보고 가시는 게 어때세요?

F 그래도 괜찮나요?

M 네, 선생님도 견학 가능하다고 했으니까요. 하지만 1시간 정도 기다리셔야겠네요.

F 위층 도서관에서 읽고 싶은 책도 있으니까 괜찮아요. 시

간이 되면 교실로 가겠습니다.

M 네, 그러면 1시에 2층 A교실로 가세요.

여자는 문화센터에 무엇을 하러 왔습니까?

1 훌라 댄스 교실을 접수하러 왔다.

2 훌라 댄스 교실에 대해 물으러 왔다.

3 훌라 댄스 교실 연습을 보러 왔다.

4 도서관에 책을 읽으러 왔다.

8

📝 **스크립트** Tr3-9

<ruby>男<rt>おとこ</rt></ruby>の<ruby>人<rt>ひと</rt></ruby>が<ruby>市役所<rt>しやくしょ</rt></ruby>に<ruby>来<rt>き</rt></ruby>ました。

M インフルエンザの<ruby>注射<rt>ちゅうしゃ</rt></ruby>を<ruby>受<rt>う</rt></ruby>けられるというはがきが<ruby>来<rt>き</rt></ruby>まして、こちらに<ruby>伺<rt>うかが</rt></ruby>いました。

F はがき<ruby>持<rt>も</rt></ruby>っていますか?

M これなんですが、65<ruby>歳以上<rt>さいいじょう</rt></ruby>は<ruby>お金<rt>かね</rt></ruby>がかからないんですよね?

F はい。

M あのう、うちの<ruby>妻<rt>つま</rt></ruby>は57<ruby>歳<rt>さい</rt></ruby>なんですが、<ruby>妻<rt>つま</rt></ruby>も<ruby>受<rt>う</rt></ruby>けられますか?

F <ruby>受<rt>う</rt></ruby>けられますが、<ruby>お金<rt>かね</rt></ruby>はかかります。ただ、ご<ruby>主人<rt>しゅじん</rt></ruby>が65<ruby>歳以上<rt>さいいじょう</rt></ruby>の<ruby>人<rt>ひと</rt></ruby>には500<ruby>円<rt>えん</rt></ruby>で<ruby>受<rt>う</rt></ruby>けられるクーポンを<ruby>差<rt>さ</rt></ruby>し<ruby>上<rt>あ</rt></ruby>げます。

M では、そのクーポンいただけませんか?

F はい、こちらです。

M あの、<ruby>車<rt>くるま</rt></ruby>で<ruby>来<rt>き</rt></ruby>たんですが、<ruby>駐車料金<rt>ちゅうしゃりょうきん</rt></ruby>が30<ruby>分<rt>ぶん</rt></ruby>で300<ruby>円<rt>えん</rt></ruby>もかかるんですね。

F このスタンプがあれば<ruby>お金<rt>かね</rt></ruby>がかかりませんよ。

M ありがとうございます。それと、インフルエンザの<ruby>飲<rt>の</rt></ruby>み<ruby>薬<rt>くすり</rt></ruby>もあると<ruby>聞<rt>き</rt></ruby>いたのですが、そういう<ruby>薬<rt>くすり</rt></ruby>ってあるんですか?

F そういうことは、こちらではちょっと。

M あ、そうですか。

<ruby>男<rt>おとこ</rt></ruby>の<ruby>人<rt>ひと</rt></ruby>は<ruby>何<rt>なに</rt></ruby>をしに<ruby>市役所<rt>しやくしょ</rt></ruby>に<ruby>来<rt>き</rt></ruby>ましたか?

1 インフルエンザの<ruby>注射<rt>ちゅうしゃ</rt></ruby>を<ruby>受<rt>う</rt></ruby>けに<ruby>来<rt>き</rt></ruby>た。

2 <ruby>妻<rt>つま</rt></ruby>の<ruby>注射<rt>ちゅうしゃ</rt></ruby>の500<ruby>円<rt>えん</rt></ruby>クーポンをもらいに<ruby>来<rt>き</rt></ruby>た。

3 <ruby>車<rt>くるま</rt></ruby>を<ruby>止<rt>と</rt></ruby>めるためのスタンプをもらいに<ruby>来<rt>き</rt></ruby>た。

4 インフルエンザの<ruby>薬<rt>くすり</rt></ruby>について<ruby>聞<rt>き</rt></ruby>きに<ruby>来<rt>き</rt></ruby>た。

📝 **해석**

남자가 시청에 왔습니다.

M 독감 주사를 맞을 수 있다는 엽서가 와서 이쪽으로 왔습니다.

F 엽서 가지고 있나요?

M 이건데요, 65세 이상은 돈이 안 들지요?

F 네.

M 저기, 우리 집사람은 57세인데, 집사람도 맞을 수 있나요?

F 맞을 수 있지만, 돈은 듭니다. 다만, 남편분이 65세 이상인 사람에게는 500엔으로 맞을 수 있는 쿠폰을 드려요.

M 그럼, 그 쿠폰 주시겠어요?

F 네, 여기 있어요.

M 저기, 차로 왔는데요, 주차 요금이 30분에 300엔이나 드네요.

F 이 도장이 있으면 돈이 안 들어요.

M 고맙습니다. 그리고, 먹는 독감약도 있다고 들었는데, 그런 약이 있나요?

F 그런 것은 여기에서는 좀….

M 아, 그래요?

남자는 무엇을 하러 시청에 왔습니까?

1 독감 주사를 맞으러 왔다.

2 아내의 주사 분인 500엔 쿠폰을 받으러 왔다.

3 차를 세우기 위한 도장을 받으러 왔다.

4 독감 약에 대해 물으러 왔다.

9

📝 **스크립트** Tr3-10

<ruby>男<rt>おとこ</rt></ruby>の<ruby>人<rt>ひと</rt></ruby>と<ruby>女<rt>おんな</rt></ruby>の<ruby>人<rt>ひと</rt></ruby>が<ruby>話<rt>はな</rt></ruby>しています。

F <ruby>武田君<rt>たけだくん</rt></ruby>が<ruby>学校<rt>がっこう</rt></ruby>の<ruby>先生<rt>せんせい</rt></ruby>になったなんてちょっと

驚^{おどろ}いた。

M みんなそう言^いうんだよ。

F たしかお父^{とう}さんもそうよね。やっぱりそれで？

M そういうわけじゃないんだよ。それに子どもの
　ころの夢^{ゆめ}はずっとパイロットだったんだ。

F あ、それ聞^きいた事^{こと}があるわ。じゃ、どうして？

M 中学生^{ちゅうがくせい}のころ悪^{わる}い仲間^{なかま}といろいろ問題^{もんだい}を起^おこ
　してさ、その時^{とき}の先生^{せんせい}が本当^{ほんとう}にいい先生^{せんせい}だっ
　たんだ。それでね。

F そんな事^{こと}があったのね。へえ、そうなんだ。私^{わたし}
　の学校^{がっこう}にはそんないい先生^{せんせい}はいなかったから
　うらやましいな。

どうして男^{おとこ}の人^{ひと}は学校^{がっこう}の先生^{せんせい}になりましたか？

1 父^{ちち}が先生^{せんせい}だから
2 子どものころからの夢^{ゆめ}だったから
3 子どものころ、いい先生^{せんせい}に会^あったから
4 子どものころ、いい先生^{せんせい}に会^あえなかったから

📖 **해석**

남자와 여자가 이야기하고 있습니다.

F 다케다 군이 학교 선생님이 되다니 좀 놀랐어.

M 다들 그러더라.

F 아마 아버지도 선생님이시지? 역시 그래서?

M 그런 거 아니야. 그리고 어렸을 때 꿈은 쭉 파일럿이었어.

F 아, 그거 들은 적 있어. 그럼, 어째서?

M 중학생 때 나쁜 친구들하고 여러 가지 문제를 일으켰는데,
　그때 선생님이 정말 좋은 선생님이었어. 그래서.

F 그런 일이 있었어. 그랬구나. 우리 학교에는 그런 좋은 선
　생님이 안 계셔서 부러운데.

남자는 왜 학교 선생님이 되었습니까?

1 아버지가 선생님이어서
2 어렸을 적부터 꿈이어서
3 어렸을 때 좋은 선생님을 만나서
4 어렸을 때 좋은 선생님을 만나지 못해서

10

🔊 **스크립트** Tr3-11

男^{おとこ}の人^{ひと}と女^{おんな}の人^{ひと}が話^{はな}しています。

M ねえ、ずっと聞^ききたかったんだけど、どうして
　子どものころバレエを習^{なら}い始^{はじ}めたの？

F 母^{はは}がバレエ教室^{きょうしつ}に連^つれていったのよ。

M ほかにもピアノとかいろいろあるだろ。太^{ふと}って
　いたとか。

F そうじゃなくてね、すごく静^{しず}かな子^こだったから
　心配^{しんぱい}したらしいの。小学校^{しょうがっこう}に入学^{にゅうがく}してから大^{たい}
　変^{へん}だって。

M え〜、ほんとうに？

F 何^{なに}よ、どういう意味^{いみ}？ でも、明^{あか}るくなった
　し、体^{からだ}も丈夫^{じょうぶ}になったし、バレエやってよかっ
　たと思^{おも}ってるの。

M カラオケの時^{とき}の踊^{おど}りもすごいもんねえ。

F それってバレエと関係^{かんけい}あるのかな？ でも踊^{おど}る
　のは好^すきよ。

女^{おんな}の人^{ひと}はどうして子どものころバレエを習^{なら}い始^{はじ}
めましたか？

1 太^{ふと}っていたから
2 おとなしすぎたから
3 体^{からだ}が弱^{よわ}かったから
4 踊^{おど}りが好^すきだったから

📖 **해석**

남자와 여자가 이야기하고 있습니다.

M 있잖아, 전부터 물어보고 싶었는데 왜 어렸을 때 발레를
　배우기 시작했어?

F 엄마가 발레 교실에 데리고 갔어.

M 발레 말고도 피아노나 여러 가지 있잖아. 뚱뚱했었나?

F 그런 게 아니고, 너무 조용한 아이여서 걱정하셨나 봐. 초
　등학교에 입학하면 힘들겠다고.

M 어~, 정말?

F 뭐야, 무슨 뜻이야? 하지만 밝아졌고 몸도 건강해져서 발레하길 잘한 것 같아.

M 노래방에 갔을 때 춤도 아주 잘 추더라.

F 그게 발레랑 관계 있을까? 그래도 춤추는 건 좋아해.

여자는 왜 어렸을 때 발레를 배우기 시작했습니까?

1 뚱뚱해서
2 너무 얌전해서
3 몸이 약해서
4 춤추는 것을 좋아해서

PART4　발화 표현

1

🔊 스크립트　Tr4-2

授業が終わり、先生が帰ろうとしています。何と言いますか。

1 先生、お先に失礼します。
2 先生、ありがとうございました。
3 先生、ご苦労さまでした。

🗣 해석

수업이 끝나고 선생님이 가시려고 합니다. 뭐라고 말합니까?

1 선생님, 먼저 실례하겠습니다.
2 선생님, 감사합니다.
3 선생님, 수고하셨습니다.

2

🔊 스크립트　Tr4-3

中が暑いので、窓を開けたいと思っています。何と言いますか。

1 すみません、窓を開けてはいかがですか。
2 すみません、窓を開けても結構ですよ。
3 すみません、窓を開けてもよろしいですか。

🗣 해석

안이 더워서 창문을 열고 싶습니다. 뭐라고 말합니까?

1 죄송한데, 창문을 열면 어떻습니까?
2 죄송한데, 창문을 열어도 괜찮아요.
3 죄송한데, 창문을 열어도 될까요?

3

📄 스크립트　Tr4-4

天気予報を見ています。何と言いますか。

1　あら、今日は午後から雨に降られるそうよ。

2　あら、今日は午後から雨が降るそうよ。

3　あら、今日は午後から雨が降るでしょう。

📄 해석

일기예보를 보고 있습니다. 뭐라고 말합니까?

1　어머, 오늘은 오후부터 비를 맞을 거래.

2　**어머, 오늘은 오후부터 비가 내린대.**

3　어머, 오늘은 오후부터 비가 내리겠습니다.

4

📄 스크립트　Tr4-5

友達の部屋で、読みたかった本を見つけました。何と言いますか。

1　この本、借りていい？

2　この本、貸していい？

3　この本、借りてもらっていい？

📄 해석

친구 집에서 읽고 싶었던 책을 발견했습니다. 뭐라고 말합니까?

1　**이 책, 빌려도 돼?**

2　이 책, 빌려줘도 돼?

3　이 책, (대신) 빌려 줄래?

5

📄 스크립트　Tr4-6

料理上手だとほめられました。何と言いますか。

1　いいえ、そんなことはありません。

2　いいえ、そうではありません。

3　はい、そうです。

📄 해석

요리를 잘한다고 칭찬받았습니다. 뭐라고 말합니까?

1　**아니에요, 별말씀을요.**

2　아니요, 그렇지 않아요.

3　네, 그래요.

6

📄 스크립트　Tr4-7

レストランに予約の電話をします。何と言いますか。

1　今夜7時に2名予約してください。

2　今夜7時に2名予約できますか。

3　今夜7時に2名予約しましょう。

📄 해석

레스토랑에 예약 전화를 합니다. 뭐라고 말합니까?

1　오늘 저녁 7시에 2명 예약해 주세요.

2　**오늘 저녁 7시에 2명 예약할 수 있나요?**

3　오늘 저녁 7시에 2명 예약합시다.

7

🔊 **스크립트** Tr4-8

先生の研究室に入ります。何と言いますか。

1 失礼します。

2 おじゃまします。

3 ごめんください。

🔊 **해석**

선생님 연구실에 들어갑니다. 뭐라고 말합니까?

1 실례합니다.

2 실례하겠습니다. (남의 집을 방문할 때)

3 계십니까?

8

🔊 **스크립트** Tr4-9

体調が悪い人がいます。何と言いますか。

1 お疲れさま。

2 お大事に。

3 お気をつけて。

🔊 **해석**

몸 상태가 좋지 않은 사람이 있습니다. 뭐라고 말합니까?

1 수고하세요.

2 몸조심하세요.

3 조심해서 가세요.

PART 5 즉시 응답

1

🔊 **스크립트** Tr5-2

F うどん屋さん、何階だっけ？

M 1 まだ1回しか行ったことないよ。

2 3階じゃない？

3 2階にあるのはそば屋だよ。

🔊 **해석**

F 우동집, 몇 층이더라?

M 1 아직 한 번밖에 안 가 봤어.

2 3층 아니야?

3 2층에 있는 건 메밀국수 집이야.

2

🔊 **스크립트** Tr5-3

F 駅前のデパート、何時に開くかな。

M 1 毎日夜8時まで開いてるよ。

2 あのデパート、便利だよね。

3 何か急いで買う必要あるの？

🔊 **해석**

F 역 앞의 백화점, 몇 시에 열지?

M 1 매일 오후 8시까지 열어.

2 저 백화점, 편리하지.

3 뭐 급하게 살 필요가 있어?

3

🎧 **스크립트** Tr5-4

M ここでの写真はご遠慮ください。

F 1 はい、どうも。

  2 それじゃあ、遠慮なく。

  3 すみませんでした。

🎧 **해석**

M 여기서는 사진 촬영이 안 됩니다.

F 1 네, 고맙습니다.

  2 그럼, 사양하지 않겠습니다.

  3 죄송합니다.

4

🎧 **스크립트** Tr5-5

M その本、もう1度見せてもらえます？

F 1 はい、では見せていただきます。

  2 はい、ご覧ください。

  3 はい、では拝見します。

🎧 **해석**

M 그 책 한 번 더 보여 줄래요?

F 1 네, 그럼 보겠습니다.

  2 네, 보세요.

  3 네, 그럼 보겠습니다.

5

🎧 **스크립트** Tr5-6

M ちょっと君、最近遅刻が多いんじゃないの。

F 1 毎日夜遅くまで会議があって…。

  2 遅刻は良くないですよ。

  3 はい、これからもがんばります。

🎧 **해석**

M 여보게 자네, 요즘 지각이 잦잖아.

F 1 매일 밤 늦게까지 회의가 있어서….

  2 지각은 좋지 않아요.

  3 네, 앞으로도 열심히 하겠습니다.

6

🎧 **스크립트** Tr5-7

F クラスで一番なんてすごいわね。

M 1 そうしてもらえてうれしいです。

  2 そう言ってもらえるとうれしいです。

  3 そう聞いてくれてうれしいです。

🎧 **해석**

F 반에서 1등 했다니 대단하네.

M 1 그렇게 해 주시다니 기쁘네요.

  2 그렇게 말씀해 주시다니 기쁘네요.

  3 그렇게 들어 주셔서 기쁘네요.

7

📝 스크립트 Tr5-8

M そろそろ起きなくていいの?

F 1 そうでもないの。

2 そのほうがいいわ。

3 あら、大変。

📋 해석

M 이제 일어나야 되지 않아?

F 1 그렇지 않아.

2 그러는 편이 좋겠어.

3 어머, 큰일이다.

8

📝 스크립트 Tr5-9

M その後、からだの調子はどう?

F 1 まあまあかな。

2 適当にして。

3 そうでもない。

📋 해석

M 그 동안 몸은 좀 어땠어?

F 1 그럭저럭이지.

2 적당히 해.

3 그렇지도 않아.

9

📝 스크립트 Tr5-10

M 明日テストあるの、知ってるよね?

F 1 ええ!聞いたことない。

2 ええ!聞いてない。

3 ええ!聞かない。

📋 해석

M 내일 시험 있는 거 알지?

F 1 뭐! 들은 적 없어.

2 뭐! 못 들었어.

3 뭐! 안 들어.

10

📝 스크립트 Tr5-11

F では、打ち合わせは明日の5時から私の研究室でしましょう。

M 1 では、5時に伺います。

2 では、5時にいらっしゃいます。

3 では、5時におります。

📋 해석

F 그럼, 미팅은 내일 5시부터 내 연구실에서 합시다.

M 1 그럼, 5시에 찾아뵙겠습니다.

2 그럼, 5시에 오십니다.

3 그럼, 5시에 있습니다.

11

🔊 **스크립트**　Tr5-12

M　ねえ、昨日の授業、どこまでやった？

F　1　ああ、吉田君、昨日休んだんだっけ。

　　2　どこからやればいいのかな。

　　3　どこまでか教えてくれない？

📖 **해석**

M　있잖아, 어제 수업, 어디까지 했어?

F　1　아, 요시다 군, 어제 결석했지.

　　2　어디부터 하면 되나?

　　3　어디까지인지 알려주지 않을래?

12

🔊 **스크립트**　Tr5-13

F　旅行、どこがいい？

M　1　そうだな、旅行に行こう。

　　2　そうだな、そこにしよう。

　　3　そうだなぁ、どこがいいかな。

📖 **해석**

F　여행, 어디가 좋아?

M　1　글쎄, 여행 가자.

　　2　글쎄, 거기로 하자.

　　3　글쎄, 어디가 좋을까?

13

🔊 **스크립트**　Tr5-14

M　今日の歯医者の予約何時だったかな。

F　1　9時から5時まででしょ。

　　2　あら、明日のはずよ。

　　3　歯を磨いたの？

📖 **해석**

M　오늘 치과 예약 몇 시였었나?

F　1　9시부터 5시까지잖아.

　　2　어머, 내일일 텐데.

　　3　이를 닦았어?

14

🔊 **스크립트**　Tr5-15

F　大野君、先輩が捜してたわよ。

M　1　ああ、そこで先輩に会った。ありがとう。

　　2　ごめんね。先輩のこと捜せなくて。

　　3　ぼくは捜してないよ。

📖 **해석**

F　오노 군, 선배가 찾더라.

M　1　아, 그래서 선배하고 만났어. 고마워.

　　2　미안, 선배 못 찾아서.

　　3　난 안 찾았어.

15

🔊 **스크립트**　Tr5-16

M　あっ、これ、どこにあった?

F　1　私も探してたの。

　　2　机の上。

　　3　どこにもないわよ。

🔊 **해석**

M　어, 이거 어디 있었어?

F　1　나도 찾고 있었어.

　　2　책상 위에.

　　3　아무 데도 없어.

16

🔊 **스크립트**　Tr5-17

M　パーティー楽しかったよ。君も来ればよかったのに。

F　1　残念ね、行けなくて。

　　2　私も行きたかったのよ。

　　3　どうして来なかったの?

🔊 **해석**

M　파티 즐거웠어. 너도 왔으면 좋았을 텐데.

F　1　아쉽다. 못 가서.

　　2　나도 가고 싶었어.

　　3　왜 안 왔어?

17

🔊 **스크립트**　Tr5-18

F　はい、みなさん、番号順に並んで。

M　1　先生が決めてください。

　　2　ここで待ってます。

　　3　ぼく1番だから一番前だ。

🔊 **해석**

F　자 여러분, 번호 순대로 줄 서세요.

M　1　선생님이 정해 주세요.

　　2　여기서 기다리고 있겠습니다.

　　3　난 1번이니까 제일 앞이야.

18

🔊 **스크립트**　Tr5-19

M　次の会議の予定はどうなってるかな。

F　1　はい、もう終わりました。

　　2　遅いですね。

　　3　明日の3時に入っております。

🔊 **해석**

M　다음 회의 예정은 어떻게 되었나?

F　1　네, 이미 끝났습니다.

　　2　늦네요.

　　3　내일 3시로 되어 있습니다.

HOW TO

파이널 모의테스트
스크립트 · 해석 · 정답

1회
2회
3회

N3

파이널 모의테스트　1회

※ 해석 부분 별색 글자체가 정답이며, 정답 번호만은 186쪽에 있습니다.

問題1 과제 이해

1

🔊 스크립트　Tr6-1

<ruby>学生<rt>がくせい</rt></ruby>が<ruby>話<rt>はな</rt></ruby>しています。 <ruby>明日<rt>あした</rt></ruby>、<ruby>何<rt>なに</rt></ruby>がありますか。

M やっとテスト<ruby>終<rt>お</rt></ruby>わった。

F やったね。でも<ruby>明日<rt>あした</rt></ruby>からふつう<ruby>授業<rt>じゅぎょう</rt></ruby>でしょう。

M なんだ、<ruby>先生<rt>せんせい</rt></ruby>の<ruby>話<rt>はなし</rt></ruby>、<ruby>全然聞<rt>ぜんぜんき</rt></ruby>いてないんだな。<ruby>明日<rt>あした</rt></ruby>とあさっての<ruby>授業<rt>じゅぎょう</rt></ruby>は<ruby>午前中<rt>ごぜんちゅう</rt></ruby>だけだよ。

F じゃあ<ruby>午後<rt>ごご</rt></ruby>は？

M <ruby>明日<rt>あした</rt></ruby>は<ruby>大<rt>おお</rt></ruby>そうじ、あさってはスポーツテスト。

F なんだかいろいろあるのね。あれ、<ruby>学校説明会<rt>がっこうせつめいかい</rt></ruby>は？

M それは<ruby>来月<rt>らいげつ</rt></ruby>。

F あ、そうなんだ。

M もうちょっと<ruby>人<rt>ひと</rt></ruby>の<ruby>話<rt>はなし</rt></ruby>、きちんと<ruby>聞<rt>き</rt></ruby>いたほうがいいぞ。

<ruby>明日<rt>あした</rt></ruby>、<ruby>何<rt>なに</rt></ruby>がありますか。

1 いつもどおりの<ruby>受業<rt>じゅぎょう</rt></ruby>がある。
2 <ruby>受業<rt>じゅぎょう</rt></ruby>のあとで<ruby>大<rt>おお</rt></ruby>そうじがある。
3 <ruby>受業<rt>じゅぎょう</rt></ruby>のあとでスポーツテストがある。
4 <ruby>受業<rt>じゅぎょう</rt></ruby>のあとで<ruby>学校<rt>がっこう</rt></ruby>せつめい<ruby>会<rt>かい</rt></ruby>がある。

🗨 해석

학생들이 이야기하고 있습니다. 내일 무엇이 있습니까?

M 드디어 시험 끝났다.

F 신난다. 하지만 내일부터 보통 수업이잖아.

M 뭐야. 선생님 말씀 전혀 안 들었구나. 내일 하고 모레 수업은 오전만 해.

F 그럼 오후는?

M 내일은 대청소, 모레는 체육 시험.

F 뭐 여러 가지 하네. 어, 학교 설명회는?

M 그건 다음 달.

F 아, 그렇구나.

M 사람이 하는 말 좀 듣는 게 좋아.

내일 무엇이 있습니까?

1 평소와 같이 수업이 있다.
2 수업이 끝난 뒤에 대청소가 있다.
3 수업이 끝난 뒤에 체육시험이 있다.
4 수업이 끝난 뒤에 학교설명회가 있다.

2

🔊 스크립트　Tr6-2

<ruby>医者<rt>いしゃ</rt></ruby>がインフルエンザの<ruby>注射<rt>ちゅうしゃ</rt></ruby>をしたあとで<ruby>説明<rt>せつめい</rt></ruby>をしています。<ruby>高<rt>たか</rt></ruby>い<ruby>熱<rt>ねつ</rt></ruby>が<ruby>出<rt>で</rt></ruby>たら、どうしますか。

M それじゃ、<ruby>今日<rt>きょう</rt></ruby>は<ruby>運動<rt>うんどう</rt></ruby>をしないで、お<ruby>風呂<rt>ふろ</rt></ruby>も<ruby>入<rt>はい</rt></ruby>らないでゆっくり<ruby>寝<rt>ね</rt></ruby>てくださいね。その<ruby>他<rt>ほか</rt></ruby>に<ruby>特<rt>とく</rt></ruby>に<ruby>注意<rt>ちゅうい</rt></ruby>することはありませんが、ときどきインフルエンザの<ruby>注射<rt>ちゅうしゃ</rt></ruby>をすると<ruby>高<rt>たか</rt></ruby>い<ruby>熱<rt>ねつ</rt></ruby>を<ruby>出<rt>だ</rt></ruby>す<ruby>人<rt>ひと</rt></ruby>がいます。そういう<ruby>時<rt>とき</rt></ruby>はそのまま<ruby>家<rt>いえ</rt></ruby>で<ruby>寝<rt>ね</rt></ruby>ていたり、<ruby>家<rt>いえ</rt></ruby>にある<ruby>熱<rt>ねつ</rt></ruby>を<ruby>下<rt>さ</rt></ruby>げる<ruby>薬<rt>くすり</rt></ruby>を<ruby>飲<rt>の</rt></ruby>んだりしないで、<ruby>遅<rt>おそ</rt></ruby>い<ruby>時間<rt>じかん</rt></ruby>でもかまいませんので、すぐにこちらに<ruby>来<rt>く</rt></ruby>るようにしてください。<ruby>最近<rt>さいきん</rt></ruby>は<ruby>高<rt>たか</rt></ruby>い<ruby>熱<rt>ねつ</rt></ruby>を<ruby>出<rt>だ</rt></ruby>したらすぐ<ruby>大<rt>おお</rt></ruby>きな<ruby>病院<rt>びょういん</rt></ruby>に<ruby>行<rt>い</rt></ruby>く<ruby>人<rt>ひと</rt></ruby>もいますが、そんな<ruby>必要<rt>ひつよう</rt></ruby>はありません。うちのような<ruby>小<rt>ちい</rt></ruby>さな<ruby>病院<rt>びょういん</rt></ruby>で<ruby>対応<rt>たいおう</rt></ruby>できますので、<ruby>心配<rt>しんぱい</rt></ruby>しないでください。

<ruby>高<rt>たか</rt></ruby>い<ruby>熱<rt>ねつ</rt></ruby>が<ruby>出<rt>で</rt></ruby>たら、どうしますか。

1 <ruby>家<rt>いえ</rt></ruby>でそのままねる。
2 ねつを<ruby>下<rt>さ</rt></ruby>げるくすりを<ruby>飲<rt>の</rt></ruby>む。
3 すぐにこの<ruby>病院<rt>びょういん</rt></ruby>に<ruby>行<rt>い</rt></ruby>く。
4 すぐに<ruby>大<rt>おお</rt></ruby>きな<ruby>病院<rt>びょういん</rt></ruby>に<ruby>行<rt>い</rt></ruby>く。

📖 해석

의사가 독감 주사를 맞은 후에 설명을 하고 있습니다. 고열이 나면 어떻게 합니까?

M 그럼, 오늘은 운동을 하지 말고, 목욕도 하지 말고 푹 주무세요. 그밖에 특히 주의해야 할 점은 없지만 가끔 독감 주사를 맞으면 고열이 나는 사람이 있습니다. 그럴 때는 집에서 그냥 자거나, 집에 있는 열을 내리는 약을 먹거나 하지 말고 늦은 시간이라도 상관없으니, 바로 우리 병원으로 오도록 하세요. 요즘에는 고열이 나면 바로 큰 병원에 가는 사람도 있는데, 그럴 필요는 없습니다. 저희 같은 작은 병원에서 대처할 수 있으니 걱정하지 마세요.

고열이 나면 어떻게 합니까?

1 집에서 그냥 잔다.
2 열을 내리는 약을 먹는다.
3 바로 이 병원에 간다.
4 바로 큰 병원에 간다.

3

📖 스크립트   Tr6-3

学校で女の人と男の人が話しています。女の人は、どうやってレポートを送りますか。

F ああ、まただめだ。

M またパソコンだめなの？ サービスセンターに電話した？

F したけど、まだ来ないのよ。今日までに送るレポートがあるのに、どうしよう。

M ファックスで送ったらどう？

F メールでって言われてるのよ。

M 今使ってないから、ぼくのパソコン使ってもいいよ。

F ありがとう。あれ、でも佐々木君マックだよね？ 私ウィンドウズだから。

M あ、そうか。困ったなあ。

F USBに入ってるから、インターネットカフェに行ってみようかな？

M まあ、もう1回サービスセンターに電話して、待ってみたら？

F ん、でも急いで送らなくちゃいけないから、今からUSB持って行って来る。

女の人は、どうやってレポートを送りますか。

1 自分のパソコンで送る。
2 ファックスで送る。
3 男の人のパソコンで送る。
4 インターネットカフェで送る。

📖 해석

학교에서 여자와 남자가 이야기하고 있습니다. 여자는 어떻게 보고서를 보냅니까?

F 아, 또 안 되네.

M 또 컴퓨터 안돼? 서비스센터에 전화했어?

F 했는데, 아직 안 와. 오늘까지 보내야 할 보고서가 있는데 어쩌지.

M 팩스로 보내면 어때?

F 메일로 보내라고 했어.

M 지금 안 쓰니까 내 컴퓨터 써도 돼.

F 고마워. 하지만 사사키 군의 컴퓨터 맥이지? 난 윈도우니까.

M 아, 그래? 이런.

F USB에 들어 있으니까, PC방에 가 볼까?

M 다시 한 번 서비스센터에 전화해서 기다려보는 게 어때?

F 음, 하지만 서둘러 보내야 하니까, 바로 USB 가지고 갔다 올래.

여자는 어떻게 보고서를 보냅니까?

1 본인 컴퓨터로 보낸다.
2 팩스로 보낸다.
3 남자의 컴퓨터로 보낸다.
4 PC방에서 보낸다.

4

🔊 **스크립트**　Tr6-4

<ruby>男<rt>おとこ</rt></ruby>の<ruby>人<rt>ひと</rt></ruby>と<ruby>女<rt>おんな</rt></ruby>の<ruby>人<rt>ひと</rt></ruby>が<ruby>話<rt>はな</rt></ruby>しています。2<ruby>人<rt>ふたり</rt></ruby>はこれからどうしますか。

F　わあ、すてきな<ruby>指輪<rt>ゆびわ</rt></ruby>。

M　クリスマスも<ruby>近<rt>ちか</rt></ruby>いし、プレゼントさせてよ。

F　でも、あんまり<ruby>無理<rt>むり</rt></ruby>しないでね。ここ<ruby>銀座<rt>ぎんざ</rt></ruby>よ。

M　これくらい…。えっ、29<ruby>万円<rt>まんえん</rt></ruby>？

F　ほらね。それより、こういう<ruby>指輪<rt>ゆびわ</rt></ruby>のほうがいいわ。

M　お、2<ruby>万9千円<rt>まんせんえん</rt></ruby>。よし、これならオッケー。

F　また<ruby>無理<rt>むり</rt></ruby>しちゃって。ゆっくり<ruby>見<rt>み</rt></ruby>ましょうよ。

M　じゃ、<ruby>今日<rt>きょう</rt></ruby>は<ruby>銀座<rt>ぎんざ</rt></ruby>の<ruby>お店<rt>みせ</rt></ruby>をいろいろ<ruby>見<rt>み</rt></ruby>てみようか。

F　もう<ruby>晩<rt>ばん</rt></ruby>ご<ruby>飯<rt>はん</rt></ruby>も<ruby>食<rt>た</rt></ruby>べたし、ゆっくり<ruby>見<rt>み</rt></ruby>たいわ。<ruby>長<rt>なが</rt></ruby>くなるわよ。

M　だいじょうぶさ。

<ruby>2人<rt>ふたり</rt></ruby>はこれからどうしますか。

1　<ruby>男<rt>おとこ</rt></ruby>の<ruby>人<rt>ひと</rt></ruby>に29<ruby>万円<rt>まんえん</rt></ruby>のゆびわを<ruby>買<rt>か</rt></ruby>ってもらう。
2　<ruby>男<rt>おとこ</rt></ruby>の<ruby>人<rt>ひと</rt></ruby>に2<ruby>万9千円<rt>まんせんえん</rt></ruby>のゆびわを<ruby>買<rt>か</rt></ruby>ってもらう。
3　<ruby>お店<rt>みせ</rt></ruby>をいろいろ<ruby>見<rt>み</rt></ruby>る。
4　<ruby>夕飯<rt>ゆうはん</rt></ruby>を<ruby>食<rt>た</rt></ruby>べる。

🔊 **해석**

남자와 여자가 이야기하고 있습니다. 두 사람은 이제 어떻게 합니까?

F　와, 멋진 반지다.

M　곧 크리스마스이기도 하니까 선물할게.

F　하지만 너무 무리하지 마. 여기는 긴자야.

M　이 정도는…. 아니, 29만 엔?

F　거봐. 그보다 이런 반지가 좋아.

M　오, 2만9천 엔. 좋아, 이거라면 오케이.

F　또 무리하네. 천천히 살펴보자.

M　그럼, 오늘은 긴자 가게를 여러 곳 구경할까?

F　이미 저녁밥도 먹었으니까 천천히 보고 싶어. 시간 꽤 걸릴 거야.

M　괜찮아.

두 사람은 이제 어떻게 합니까?

1 남자가 29만 엔짜리 반지를 사준다.
2 남자가 2만 9천 엔짜리 반지를 사준다.
3 가게를 여러 곳 본다.
4 저녁밥을 먹는다.

5

🔊 **스크립트**　Tr6-5

<ruby>男<rt>おとこ</rt></ruby>の<ruby>人<rt>ひと</rt></ruby>と<ruby>女<rt>おんな</rt></ruby>の<ruby>人<rt>ひと</rt></ruby>が<ruby>話<rt>はな</rt></ruby>しています。<ruby>2人<rt>ふたり</rt></ruby>はどこで<ruby>何時<rt>なんじ</rt></ruby>に<ruby>会<rt>あ</rt></ruby>いますか。

F　<ruby>明日<rt>あした</rt></ruby>、コンサートが6<ruby>時半<rt>じはん</rt></ruby>からだから、6<ruby>時<rt>じ</rt></ruby>ちょうどに<ruby>新宿駅<rt>しんじゅくえき</rt></ruby>で<ruby>会<rt>あ</rt></ruby>わない？

M　オーケー、じゃ1<ruby>番出口<rt>ばんでぐち</rt></ruby>はどう？

F　あそこ、<ruby>人<rt>ひと</rt></ruby>が<ruby>多<rt>おお</rt></ruby>くて<ruby>大変<rt>たいへん</rt></ruby>だから、2<ruby>番出口<rt>ばんでぐち</rt></ruby>にしない？

M　でも2<ruby>番出口<rt>ばんでぐち</rt></ruby>だと<ruby>会場<rt>かいじょう</rt></ruby>と<ruby>反対<rt>はんたい</rt></ruby>だよね？

F　そっか。じゃ、いつもの3<ruby>番出口<rt>ばんでぐち</rt></ruby>にする？

M　オッケー。<ruby>週末<rt>しゅうまつ</rt></ruby>で<ruby>混<rt>こ</rt></ruby>みそうだから6<ruby>時<rt>じ</rt></ruby>10<ruby>分前<rt>ぷんまえ</rt></ruby>にしようよ。

F　そうね。じゃ、<ruby>明日<rt>あした</rt></ruby>ね。

<ruby>2人<rt>ふたり</rt></ruby>は<ruby>何時<rt>なんじ</rt></ruby>にどこで<ruby>会<rt>あ</rt></ruby>いますか。

1　6<ruby>時<rt>じ</rt></ruby>に<ruby>新宿駅<rt>しんじゅくえき</rt></ruby>2ばん<ruby>出口<rt>でぐち</rt></ruby>で<ruby>会<rt>あ</rt></ruby>う。
2　6<ruby>時<rt>じ</rt></ruby>10<ruby>分<rt>ぷん</rt></ruby>に<ruby>新宿駅<rt>しんじゅくえき</rt></ruby>2ばん<ruby>出口<rt>でぐち</rt></ruby>で<ruby>会<rt>あ</rt></ruby>う。
3　5<ruby>時<rt>じ</rt></ruby>50<ruby>分<rt>ぷん</rt></ruby>に<ruby>新宿駅<rt>しんじゅくえき</rt></ruby>3ばん<ruby>出口<rt>でぐち</rt></ruby>で<ruby>会<rt>あ</rt></ruby>う。
4　6<ruby>時<rt>じ</rt></ruby>10<ruby>分<rt>ぷん</rt></ruby>に<ruby>新宿駅<rt>しんじゅくえき</rt></ruby>3ばん<ruby>出口<rt>でぐち</rt></ruby>で<ruby>会<rt>あ</rt></ruby>う。

🔊 **해석**

남자와 여자가 이야기하고 있습니다. 두 사람은 어디에서 몇 시에 만납니까?

F 내일, 콘서트가 6시 반부터니까 6시 정각에 신주쿠 역에서 만날래?

M 오케이, 그럼 1번 출구는 어때?

F 거기, 사람이 많아서 붐비니까, 2번 출구로 하지 않을래?

M 하지만 2번 출구면 콘서트장하고 반대잖아?

F 그런가. 그럼 늘 만나던 3번 출구로 할래?

M 오케이. 주말이라 혼잡할 것 같으니까 6시 10분 전으로 하자.

F 그래. 그럼 내일 봐.

두 사람은 몇 시에 어디에서 만납니까?

1 6시에 신주쿠 역 2번 출구에서 만난다.

2 6시 10분에 신주쿠 역 2번 출구에서 만난다.

3 5시 50분에 신주쿠 역 3번 출구에서 만난다.

4 6시 10분에 신주쿠 역 3번 출구에서 만난다.

6

📑 **스크립트** Tr6-6

おとこ ひと おんな ひと はな
男の人と女の人が話しています。男の人はどう
としょかん い
やってひかり図書館に行きますか。

M あの、すみません、ひかり図書館に行きたいん
あ
ですが、ここからだと歩いてどのくらいかかり
ますか?

F そうね、25分以上はかかると思いますよ。

M 遠いですね。バスはありますか?

F すぐそこのバス停から出るバスがあるはずで
としょかん
すよ。ひかり図書館が出しているミニバスも
じ かん だい
ありますけど、2時間に1台ぐらいしかないか
ら。

M そうですか。タクシーもいないし、歩いたほう
はや
が早そうですね。

F そうね。ここは田舎だからタクシー見つける
ほう むずか ある たいへん
方が難しいから。でも、歩くのは大変ですよ。
いちばん おも
そこのバス停でバスに乗るのが一番いいと思
いますけど。

M じゃ、そうします。ご親切にありがとうございます。

おとこ ひと としょかん い
男の人はどうやってひかり図書館に行きます
か。

1 歩いて行く。

2 バスで行く。

3 ミニバスで行く。

4 タクシーで行く。

📖 **해석**

남자와 여자가 이야기하고 있습니다. 남자는 어떻게 히카리 도서관에 갑니까?

M 저, 실례합니다. 히카리도서관에 가려고 하는데요, 여기에서 걸어서 어느 정도 걸립니까?

F 음, 25분 이상은 걸릴 거예요.

M 멀군요. 버스는 있어요?

F 바로 저기 버스 정류장에서 가는 버스가 있을 거예요. 히카리도서관에서 하는 미니버스도 있는데, 2시간에 1대 정도밖에 없으니까.

M 그래요. 택시도 없고, 걷는 게 빠를 것 같네요.

F 맞아요. 여기는 시골이라서 택시 찾는 게 어려우니까. 하지만 걷기는 힘들어요. 저기 버스 정류장에서 버스 타는 게 가장 좋을 것 같은데.

M 그럼, 그렇게 할게요. 친절하게 말씀해 주셔서 감사합니다.

남자는 어떻게 히카리도서관에 갑니까?

1 걸어간다.

2 버스로 간다.

3 미니버스로 간다.

4 택시로 간다.

問題2 포인트 이해

1

📑 **스크립트** Tr6-7

だん し がくせい じょ し がくせい だいがく はな
男子学生と女子学生が大学について話していま
おとこ ひと さくらだいがく えら り ゆう
す。男の人が桜大学を選んだ理由はなんですか。

さ とう とう と だいがく ごうかく
F 佐藤くん、東都大学に合格したんだって?
ほんとう
本当におめでとう!

M ああ、ありがとう。でも実は、桜大学に行くことにしたんだ。

F ええっ、どうして。東都大学の経済学科に行きたがってたじゃない。

M そこが問題なんだよ。ぼくが合格したのは、東都大学の英語学科でさ。経済はだめだったんだ。

F え、そうだったの。残念だね…。桜大学は経済?

M 桜大学も英語学科。

F だったら、東都大学にすればよかったのに。東都大学の方が、レベルが上じゃない。

M 経済学科じゃないなら、どこの大学でも同じさ。家から近いところを選んだだけだよ。

F そんな簡単な問題かなぁ。まぁ、入学したら英語、がんばってね。

男の人が桜大学を選んだ理由はなんですか。

1 東都大学が全部だめだったから
2 英語学科に入りたかったから
3 東都大学よりレベルが上だったから
4 家から近いから

해석

남학생과 여학생이 대학교에 대해 이야기하고 있습니다. 남자가 사쿠라대학교를 고른 이유는 무엇입니까?

F 사토 군, 도토대학교에 합격했다며? 정말 축하해!

M 아, 고마워. 하지만 실은 사쿠라대학교에 가기로 했어.

F 어머, 왜? 도토대학교 경제학과에 가고 싶어했잖아.

M 그게 문제야. 내가 합격한 곳은 도토대학교 영어학과야. 경제학과는 안 됐어.

F 아, 그랬구나. 아쉽다…. 사쿠라대학교는 경제학이야?

M 사쿠라대학교도 영어학과.

F 그럼 도토대학교로 하면 좋았잖아. 도토대학교가 수준이 더 위잖아.

M 경제학과가 아니라면 어느 대학교나 똑같아. 집에서 가

까운 곳을 골랐을 뿐이야.

F 그렇게 간단한 문제야? 뭐, 입학하면 영어, 열심히 해.

남자가 사쿠라대학교를 고른 이유는 무엇입니까?

1 도토대학교가 모두 안 됐기 때문에
2 영어학과에 들어가고 싶었기 때문에
3 도토대학교 보다 수준이 위였기 때문에
4 집에서 가깝기 때문에

2

스크립트　Tr6-8

先生と事務員が話をしています。先生は、なぜ怒っていますか。

F 先生、今度から学生の出席は、紙に書く必要はありません。全部、パソコンで入力できますので。

M パソコンで? 今までみたいに紙に書いちゃだめかねぇ。タイピングするの、あんまり早くなくて。教師全部が若いわけじゃないんだし、ぼくみたいに歳を取った人間の気持ちも考えて欲しいですねぇ。

F あ、大丈夫です。タイピングしなくても、マウスでクリックすればいいんです。こうやって、学生ひとりひとりの名前の横をクリックしてください。

M なるほど。これ、1学期の終わりに入力すればいいんだね。

F いえ、申し訳ないんですが、毎週、授業があった日に必ずやっていただきたいのですが。

M 毎週!? 紙に書いていた時の方が簡単だったじゃないか。

F すみません。

先生は、なぜ怒っていますか。

1 学生全部の出席をチェックするのが大変だから

2 学校が、としをとった教師の気持ちを考えていないから

3 パソコンでタイピングをするのがいやだから

4 パソコンに入力する方が大変になるから

📖 **해석**

남자 선생님과 여자 직원이 이야기를 하고 있습니다. 남자 선생님이 왜 화를 내고 있습니까?

F 선생님, 앞으로 학생 출석은 종이에 쓰실 필요 없어요. 모두 컴퓨터로 입력할 수 있으니까요.

M 컴퓨터로? 지금처럼 종이에 쓰면 안 될까요? 컴퓨터로 타이핑하는 거, 별로 빠르지 않아요. 교사가 다 젊은 건 아니니까, 나처럼 나이를 먹은 사람의 마음도 생각해 주면 좋겠어요.

F 아, 괜찮아요. 타이핑하지 않아도 마우스로 클릭하면 됩니다. 이렇게 해서 학생 한 명 한 명의 이름 옆을 클릭해 주세요.

M 그렇구나. 이거 1학기 말에 입력하면 되죠?

F 아니요, 죄송하지만, 매주 수업이 있는 날에 반드시 해 주셔야 하는데요.

M 매주!? 종이에 쓰던 때가 편했잖아.

F 죄송해요.

남자 선생님이 왜 화를 내고 있습니까?

1 학생 모두의 출석을 체크하는 것이 힘들기 때문에

2 학교가 나이를 먹은 교사의 마음을 생각해 주지 않아서

3 컴퓨터로 타이핑을 하는 것이 싫어서

4 컴퓨터에 입력하는 것이 더 힘들어지기 때문에

3

📝 **스크립트** Tr6-9

留学生が学生寮について話しています。学生寮に住んで一番よかったことは何だと言っていますか。

F 大学の学生寮に住んでよかったことはたくさんありますが、まず大学に近いのがいいです

ね。私は朝早く起きられないタイプなので、家が遠いと大変で。そうそう、学生寮の1ヶ月の家賃は、たった1万円なんですよ。私はアルバイトをたくさんする時間はありませんし、これが一番うれしいですね。それから、寮には日本人もたくさん住んでいますから、授業中に分からなかった日本語を教えてもらえるのもいい点です。おかげで、私の日本語もとても良くなったと思います。

学生寮に住んで一番よかったことは何だと言っていますか。

1 大学から近いこと

2 やちんが安いこと

3 アルバイトをしなくていいこと

4 日本人に日本語を教えてもらえること

📖 **해석**

유학생이 학생 기숙사에 대해 이야기하고 있습니다. 기숙사에 살아서 가장 좋은 점은 무엇이라고 말하고 있습니까?

F 대학교의 학생 기숙사에 살아서 좋은 점은 많이 있지만, 우선 대학교에 가까운 것이 좋아요. 저는 아침 일찍 못 일어나는 타입이라서 집이 멀면 힘들어요. 참, 학생 기숙사 월세가 만 엔밖에 안 하거든요. 저는 아르바이트를 많이 할 시간이 없어서 이 점이 가장 좋아요. 그리고 기숙사에는 일본 사람도 많이 살아서 수업 중에 몰랐던 일본어를 가르쳐 주는 것도 좋은 점입니다. 덕분에 제 일본어도 아주 좋아졌다고 생각해요.

학생 기숙사에 살아서 가장 좋은 점은 무엇이라고 말하고 있습니까?

1 대학교에서 가까운 점

2 월세가 싼 점

3 아르바이트를 하지 않아도 되는 점

4 일본인에게 일본어를 배울 수 있다는 점

4

🎧 **스크립트**　Tr6-10

男の人と女の人が電車の中のマナーについて話しています。男の人がいやだと思うのは、どんな人ですか。

F 見て、あの女の人。電車の中でお化粧してるわ。いやねぇ。

M どれどれ…。ああ、あの人。朝、化粧する時間がなかったんだろうな。オレだって時間がない時は、電車の中で歯をみがきたいよ。

F なにそれ。歯をみがくっていえば、お酒のにおいが強いおじさんもいやだわ。

M オレは、強い化粧品のにおいがする女性の方がマナーが悪いと思うけど。鼻がまがりそうになるよ。

F においもそうだけど、音もいやね。大きな音で音楽を聴いている人、いるじゃない？

M いるねぇ。電車の中で携帯電話で話してる人もたまにいるな。そういえばこの間、おばあさんが、携帯で話してる若い子に「うるさいですよ」って注意してたよ。

男の人がいやだと思うのは、どんな人ですか。

1 けしょうをする女性
2 お酒のにおいが強い男性
3 強いけしょう品のにおいがする女性
4 ケータイ電話で話している人

🎧 **해석**

남자와 여자가 전철 안 매너에 대해 이야기하고 있습니다. 남자가 싫다고 생각하는 것은 어떤 사람입니까?

F 봐, 저 여자. 전철 안에서 화장하고 있어. 보기 싫다.

M 어디 어디…. 아, 저 사람. 아침에 화장할 시간이 없었나봐. 나도 시간이 없을 때는 전철 안에서 이 닦고 싶어.

F 무슨 소리야. 이를 닦는다고 하니, 술 냄새가 심한 아저씨

도 싫다.

M 난 강한 화장품 냄새가 나는 여자가 더 매너가 나쁜 것 같은데. 냄새가 역겨워.

F 냄새도 그렇지만, 소리도 싫어. 큰 소리로 음악을 듣고 있는 사람이 있잖아.

M 있지. 전철 안에서 휴대폰으로 이야기하는 사람도 가끔 있어. 그러고 보니 얼마 전에 아줌마가 휴대폰으로 이야기하는 젊은이한테 '시끄러워요'하고 주의를 주더라고.

남자가 싫다고 생각하는 것은 어떤 사람입니까?

1 화장을 하는 여자
2 술 냄새가 많이 나는 남자
3 **강한 화장품 냄새가 나는 여자**
4 휴대전화로 이야기하는 사람

5

🎧 **스크립트**　Tr6-11

男子学生が、テスト前の勉強方法について話しています。男子学生は普通、テストのどのぐらい前から勉強をはじめますか。

M ぼくの友達は真面目なやつが多くて、テストの2週間ぐらい前から勉強しはじめるらしいんです。遅い友達でも1週間前とか。去年はぼくも一緒にテストの前の週から勉強を始めたんですけど、あんまり早くから勉強すると、テストの日には覚えたことを忘れてしまって…。2、3日前ぐらいがちょうどいいみたいです。テストの前の日に寝ないで全部覚える、って友達もいますけど、あれはすごいですよ。一度いっしょにやってみたんですけど、テストは15点しか取れませんでした。ぼくには向いていないみたいです。

男子学生は普通、テストのどのぐらい前から勉強をはじめますか。

1 テストの2週間前
2 テストの1週間前
3 テスト2,3日前

4 テストの前の日

 해석

남학생이 시험 전의 공부 방법에 대해 이야기하고 있습니다. 남학생은 평소에 시험 보기 어느 정도 전부터 공부를 시작합니까?

M 제 친구는 성실한 애들이 많아서, 시험 보기 2주일쯤 전부터 공부하기 시작하는 것 같아요. 늦는 친구도 1주일 전에는. 작년에는 저도 함께 시험 전주부터 공부를 시작했는데요, 너무 일찍부터 공부하니 시험날에는 외운 것을 까먹어 버려서…. 2, 3일 정도 전이 딱 좋은 것 같아요. 시험 전날에 안 자고 모두 외운다는 친구도 있는데 그건 대단하더라고요. 한 번 같이 해 봤지만 시험은 15점 밖에 못 받았어요. 저한테는 안 맞는 것 같아요.

남학생은 평소에 시험 보기 어느 정도 전부터 공부를 시작합니까?

1 시험 보기 2주일 전
2 시험 보기 1주일 전
3 시험 보기 2, 3일 전
4 시험 보기 전날

6

 스크립트　Tr6-12

男の人と女の人がペットについて話しています。女の人が鳥を飼うことにした一番の理由は何ですか。

M 吉田さんってペット飼ってる？
F うん、小さい鳥を一羽。
M へぇ、犬とか猫じゃないんだ。
F 私はネコも大好きなんだけど、うちの妹が猫アレルギーで。
M え、それは大変だね。犬のアレルギーはないの？
F うん、犬はだいじょうぶみたいだけど。でも犬は声がうるさいから、マンションでは無理でしょ？

M ふん。まぁ、鳥ならエサもあまり食べないから、お金もかからなくていいよね。
F そうそう。うちの子、経済的でいい子なんだ。ペットショップでも一番安く売られてて。あの子以外は、みんな私のお金じゃ買えないぐらい高かったんだもん…
M あ、そういうこと？

女の人が鳥を飼うことにした一番の理由はなんですか。

1 妹が猫アレルギーで、猫は飼えないから
2 マンションでは犬は飼えないから
3 鳥のエサは安いから
4 鳥が一番安かったから

 해석

남자와 여자가 애완동물에 대해 이야기하고 있습니다. 여자가 새를 기르기로 한 가장 큰 이유는 무엇입니까?

M 요시다는 애완동물 키워?
F 응, 작은 새 한 마리.
M 그래? 개나 고양이가 아니고.
F 난 고양이도 아주 좋아하는데, 여동생이 고양이 알레르기라서.
M 어머, 그거 힘들겠다. 개 알레르기는 없어?
F 응, 개는 괜찮은 것 같은데. 하지만 개는 소리가 시끄러우니까 아파트에서는 안 되잖아?
M 음. 뭐, 새라면 모이도 별로 안 먹으니까 돈도 안 들고 좋겠네.
F 맞아 맞아. 우리 새, 경제적이고 좋은 녀석이야. 애완동물 샵에서도 가장 싸게 팔리고 있고 우리 새 말고는 다들 내 돈으로 살 수 없을 정도로 비쌌거든….
M 아, 그런 거야?

여자가 새를 기르기로 한 가장 큰 이유는 무엇입니까?

1 여동생이 고양이 알레르기 고양이는 기를 수 없으니까
2 아파트에서는 개를 키울 수 없으니까
3 새 모이는 싸니까
4 새가 가장 싸니까

問題3 개요 이해

1

🔊 스크립트　Tr6-13

会社で女の人が課長と話しています。

F あの、課長。お忙しいですか。

M いや、ちょうどよかった。ちょっと頼みたいことがあったんだ。

F はい、何でしょう。

M これなんだけど、チェックして今年の値段にしておいてくれないか。

F はい、わかりました。他にございませんか。

M うん、もういいよ。

F では、これにサインをお願いします。

M ん、これでいいかな。

F はい、ありがとうございます。

M あ、それ部長のところへも回しておいて。

F はい、わかりました。

女の人は課長のところへ何をしにきましたか。

1 課長が忙しくないか見にきた。

2 課長の頼みを聞きにきた。

3 課長にサインをもらいにきた。

4 課長の頼みを部長に伝えるためにきた。

🔊 해석

회사에서 여자가 과장님과 이야기하고 있습니다.

F 저기, 과장님. 바쁘세요?

M 아니, 마침 잘됐네. 부탁할 일이 좀 있어.

F 네, 뭔가요?

M 이거 말인데, 확인해서 올해 가격으로 해 줘.

F 네, 알겠습니다. 다른 건 없으세요?

M 응, 괜찮아.

F 그럼, 여기에 사인 좀 해주세요.

M 음, 이제 됐나?

F 네, 감사합니다.

M 아, 그거 부장님께도 도장 받아 놓아요.

F 네, 알겠습니다.

여자는 과장님께 무엇을 하러 왔습니까?

1 과장님이 바쁘지 않은지 보러 왔다.

2 과장님의 부탁을 들으러 왔다.

3 과장님께 사인을 받으러 왔다.

4 과장님의 부탁을 부장님께 전하기 위해 왔다.

2

🔊 스크립트　Tr6-14

ラジオで女の人が話しています。

F この季節は風邪をひきやすいですから、外に出る時は手袋やマフラーをして体を冷やさないように注意してください。寒い日はスープなどを飲んで体をあたためるといいですよ。特にお母さん方は赤ちゃんが風邪をひかないように十分気をつけてあげてくださいね。できれば病院で予防注射をうっておきましょう。

話の主な内容はどのようなことですか。

1 風邪の予防

2 風邪をひいた後のこと

3 赤ちゃんの育て方

4 寒い日の過ごし方

🔊 해석

라디오에서 여자가 말하고 있습니다.

F 이 계절에는 감기에 걸리기 쉬우므로 밖에 나갈 때는 장갑이나 목도리를 해서 몸이 차지 않게 주의해 주세요. 추운 날에는 수프 등을 먹어서 몸을 따뜻하게 하는 것이 좋습니다. 특히 어머니들은 아기가 감기에 걸리지 않도록 충분히 신경을 써 주세요. 가능하면 병원에서 예방주사를 맞아 둡시다.

이야기의 주된 내용은 어떠한 것입니까?

1 감기 예방
2 감기에 걸린 후의 일
3 아기를 키우는 방법
4 추운 날을 보내는 방법

3

📖 **スクリプト** Tr6-15

テレビで女の人がインタビューをしています。

F 今日は今人気の石田さんにおいでいただきました。おはようございます。先生の本のファンだという人は大勢いますけれども、いつごろから書いていらっしゃったんですか?

M 書くことは子供のころから好きでしたから、小学生の時に絵本みたいなものを書いてましたね。

F 絵本ですか。そういえば先生は絵もお上手だとお聞きしましたが。

M 絵を描くことも好きですよ。父が絵の先生でしたし。

F お父さまが教えてくださったんですか。

M いや、それはありませんでしたね。ぼくには好きなように描けばいいって言って。

F そうなんですか。歌もお上手だそうですね。

M そうですね。うまいかどうかはわかりませんが、歌は大好きです。

どのような職業の人にインタビューしていますか。

1 本を書く人
2 絵を描く人
3 歌を歌う人
4 絵を教える人

📖 **해석**

텔레비전에서 여자가 인터뷰를 하고 있습니다.

F 오늘은 요즘 인기 있는 이시다 씨를 모셨습니다. 안녕하세요. 선생님 책의 팬이라는 사람들이 많이 있는데요, 언제부터 글을 쓰셨나요?

M 쓰는 것은 어렸을 적부터 좋아해서 초등학교 때 그림책 같은 것을 썼었지요.

F 그림책이요? 그러고 보니, 선생님은 그림도 잘 그리신다고 들었는데요.

M 그림을 그리는 것도 좋아합니다. 아버지가 그림 선생님이셨고요.

F 아버님이 가르쳐 주셨나요?

M 아니요, 그렇지는 않았구요. 저에게는 그리고 싶은 대로 그리면 된다고 하셨지요.

F 그랬군요. 노래도 잘 부르신다지요?

M 글쎄요. 잘 부르는지는 잘 모르겠지만, 노래는 아주 좋아합니다.

어떤 직업의 사람에게 인터뷰하고 있습니까?

1 책을 쓰는 사람
2 그림을 그리는 사람
3 노래를 부르는 사람
4 그림을 가르치는 사람

問題4 발화 표현

1

📖 **スクリプト** Tr6-16

友達にノートを見せてもらいたいです。何と言いますか。

1 ノート見せてくれない?
2 ノート見せてあげて。
3 ノート見せてもらって。

해석

친구에게 노트를 보여 달라고 하고 싶습니다. 뭐라고 말합니까?

1　노트 보여 주지 않을래?

2　(다른 사람에게) 노트 보여 줘라.

3　(다른 사람에게) 노트 보여 달라고 해.

해석

친구한테 빌렸던 만화책을 돌려주러 왔습니다. 뭐라고 말합니까?

1　이 만화 돌려 드리겠습니다.

2　또 빌려줄게.

3　재미있었어, 고마워.

2

스크립트　Tr6-17

子どもにとても厳しい父親に注意したいです。
何と言いますか。

1　厳しくしてください。

2　厳しくしなくてもいいです。

3　厳しくしすぎないでください。

해석

아이에게 매우 엄격한 아버지에게 주의를 주고 싶습니다. 뭐라고 말합니까?

1　엄하게 해 주세요.

2　엄하게 하지 않아도 됩니다.

3　너무 엄하게 하지 마세요.

4

스크립트　Tr6-19

先生が重そうなかばんを持っています。先生に
何と言いますか。

1　先生、お持ちします。

2　先生、かばんをください。

3　先生、持ってあげます。

해석

선생님이 무거워 보이는 가방을 들고 있습니다. 선생님께 뭐라고 말합니까?

1　선생님, 제가 들어 드릴게요.

2　선생님, 가방을 주세요.

3　선생님, 제가 들어줄게요.

3

스크립트　Tr6-18

友達に借りていたマンガを返しに来ました。何
と言いますか

1　このマンガ、お返しします。

2　また貸してあげるよ。

3　面白かった、ありがとう。

問題5 즉시 응답

1

스크립트　Tr6-20

F　すみません、もう少しゆっくりお願いします。

M　1　あ、ぼく話すの早すぎます？

　　2　こちらこそ、すみません。

　　3　少し遅いですか。

해석

F   죄송한데요, 조금 더 천천히 부탁드립니다.

M   **1 아, 제 말이 너무 빠른가요?**

2 저야말로 죄송합니다.

3 좀 늦나요?

2

스크립트   Tr6-21

M   あっ、銀行に行くの忘れてた。

F   1 まだ間に合うわよ。

2 どの銀行か覚えてないの？

3 あら、銀行に忘れ物？

해석

M   앗, 은행에 가는 거 깜박했다.

F   **1 아직 시간 돼.**

2 어느 은행인지 기억 안 나?

3 어머, 은행에 물건 두고 왔어?

3

스크립트   Tr6-22

M   悪いけど、これコピーしてきてくれる？

F   1 どうしてですか？

2 何枚ですか？

3 悪いですか？

해석

M   미안한데, 이거 복사해 올래?

F   1 왜요?

2 몇 장이요?

3 나빠요?

4

스크립트   Tr6-23

F   同じことばっかりするの、もうあきちゃった。

M   1 もう？ あきっぽいなぁ。

2 もういいの？

3 また同じことするの？

해석

F   같은 일만 하는 거, 이제 질렸어.

M   **1 벌써? 인내심이 없구나.**

2 벌써 된 거야?

3 또 같은 일 하는 거야?

5

스크립트   Tr6-24

F   ずいぶん混んでるわね。

M   1 空いてる店に行こうか。

2 空いてる席がたくさんあるよ。

3 人はあまりいないよ。

해석

F   꽤 붐비는구나.

M   **1 한적한 가게에 갈까?**

2 빈자리가 많이 있어.

3 사람은 별로 없어.

6

📄 스크립트   Tr6-25

M 大阪に来て20年になります。

F 1 へえ、ここで生まれたんですか。

   2 大阪に来て何年ですか?

   3 もうそんなになるんですか。

💡 해석

F 오사카에 온 지 20년이 됩니다.

M 1 아, 여기서 태어났습니까?

   2 오사카에 온 지 몇 년인가요?

   3 벌써 그렇게 되었어요?

7

📄 스크립트   Tr6-26

F あの～、コピー機が動かなくなっちゃって。

M 1 紙がつまりました。

   2 またこわれたかな?

   3 これをコピーしてください。

💡 해석

F 저기～, 복사기가 안 돼서요.

M 1 종이가 걸렸습니다.

   2 또 고장 났나?

   3 이것을 복사해 주세요.

8

📄 스크립트   Tr6-27

F 今度ね、ダンス教えてもらうことにしたの。

M 1 ダンスが上手だね。

   2 いつでも教えてあげるよ。

   3 ダンスってどんなダンス?

💡 해석

F 다음에 춤 배우기로 했어.

M 1 춤을 잘 추는구나.

   2 언제든지 가르쳐 줄게.

   3 춤이라니 어떤 춤?

9

📄 스크립트   Tr6-28

M 田中さんの将来の夢は?

F 1 わたしですか? アナウンサーです。

   2 将来は夢がありますよね。

   3 まだ見ていません。

💡 해석

M 다나카 씨의 장래 꿈은?

F 1 저요? 아나운서예요.

   2 장래에는 꿈이 있지요.

   3 아직 안 꿨어요.

問題1 과제 이해

1

📢 **스크립트**　Tr7-1

<ruby>男<rt>おとこ</rt></ruby>の<ruby>人<rt>ひと</rt></ruby>と<ruby>女<rt>おんな</rt></ruby>の<ruby>人<rt>ひと</rt></ruby>が<ruby>話<rt>はな</rt></ruby>しています。<ruby>男<rt>おとこ</rt></ruby>の<ruby>人<rt>ひと</rt></ruby>は<ruby>女<rt>おんな</rt></ruby>の<ruby>人<rt>ひと</rt></ruby>にどうしてほしいのですか。

M　すみません、2<ruby>階<rt>かい</rt></ruby>の<ruby>者<rt>もの</rt></ruby>ですが。

F　はい、<ruby>何<rt>なに</rt></ruby>か。

M　あの、ピアノちょっと<ruby>遠慮<rt>えんりょ</rt></ruby>してもらえませんか。

F　ごめんなさい。でも、<ruby>来週<rt>らいしゅう</rt></ruby>コンクールがあるので…。

M　そうなんですか、ただ<ruby>私<rt>わたし</rt></ruby>も<ruby>毎朝早<rt>まいあさはや</rt></ruby>く<ruby>起<rt>お</rt></ruby>きなくちゃいけないんですよ。だから<ruby>夜<rt>よる</rt></ruby>はちょっと…。

F　じゃあ、いつならご<ruby>迷惑<rt>めいわく</rt></ruby>にならないでしょうか。

M　<ruby>朝<rt>あさ</rt></ruby>7<ruby>時<rt>じ</rt></ruby>から<ruby>夜<rt>よる</rt></ruby>9<ruby>時<rt>じ</rt></ruby>ごろまでは<ruby>外<rt>そと</rt></ruby>にいますので。

<ruby>男<rt>おとこ</rt></ruby>の<ruby>人<rt>ひと</rt></ruby>は<ruby>女<rt>おんな</rt></ruby>の<ruby>人<rt>ひと</rt></ruby>にどうしてほしいのですか。

1　ピアノの<ruby>練習<rt>れんしゅう</rt></ruby>をやめてほしい。
2　<ruby>練習<rt>れんしゅう</rt></ruby>の<ruby>時間<rt>じかん</rt></ruby>をかえてほしい。
3　<ruby>朝早<rt>あさはや</rt></ruby>く<ruby>起<rt>お</rt></ruby>きてほしい。
4　コンクールに<ruby>出<rt>で</rt></ruby>てほしい。

📢 **해석**

남자와 여자가 이야기하고 있습니다. 남자는 여자가 어떻게 하기를 원합니까?

M　저기요, 2층 사람인데요.

F　네, 무슨 일이죠?

M　저, 피아노 치는 거 좀 삼가 주시면 안 될까요?

F　죄송해요. 하지만 다음 주에 콩쿠르가 있어서….

M　그래요? 그런데 저도 매일 아침 일찍 일어나야 해서요. 그러니까 밤에는 좀….

F　그럼, 언제 치면 괜찮으시겠어요?

M　아침 7시부터 밤 9시 정도까지는 밖에 있어요.

남자는 여자가 어떻게 하기를 원합니까?

1 피아노 연습을 그만하기 바란다.
2 연습 시간을 바꾸기 바란다.
3 아침 일찍 일어나기 바란다.
4 콩쿠르에 나가기 바란다.

2

📢 **스크립트**　Tr7-2

<ruby>先生<rt>せんせい</rt></ruby>が<ruby>学生<rt>がくせい</rt></ruby>に<ruby>話<rt>はな</rt></ruby>しています。<ruby>来週<rt>らいしゅう</rt></ruby>のテストの<ruby>内容<rt>ないよう</rt></ruby>はどこからどこまでですか。

M　<ruby>来週<rt>らいしゅう</rt></ruby>のテストには<ruby>先月勉強<rt>せんげつべんきょう</rt></ruby>したところが<ruby>出<rt>で</rt></ruby>るから、しっかり<ruby>勉強<rt>べんきょう</rt></ruby>してくるように。

F　<ruby>先月<rt>せんげつ</rt></ruby>ってことは、<ruby>第<rt>だい</rt></ruby>2<ruby>章<rt>しょう</rt></ruby>から<ruby>第<rt>だい</rt></ruby>4<ruby>章<rt>しょう</rt></ruby>までってことですか。

M　そういうことだな。

F　でも、<ruby>第<rt>だい</rt></ruby>4<ruby>章<rt>しょう</rt></ruby>は<ruby>先月<rt>せんげつ</rt></ruby>のうちに<ruby>終<rt>お</rt></ruby>わらなかったですよね。それでも<ruby>出<rt>で</rt></ruby>るんですか。

M　いや、その<ruby>中<rt>なか</rt></ruby>で<ruby>先月勉強<rt>せんげつべんきょう</rt></ruby>した<ruby>部分<rt>ぶぶん</rt></ruby>まで<ruby>出<rt>だ</rt></ruby>すつもりだよ。

F　けっこうたくさんあるんですね。<ruby>大変<rt>たいへん</rt></ruby>だ。

<ruby>来週<rt>らいしゅう</rt></ruby>のテストの<ruby>内容<rt>ないよう</rt></ruby>はどこからどこまでですか。

1　<ruby>第<rt>だい</rt></ruby>2<ruby>章<rt>しょう</rt></ruby>のはじめから<ruby>第<rt>だい</rt></ruby>4<ruby>章<rt>しょう</rt></ruby>の<ruby>終<rt>お</rt></ruby>わりまで
2　<ruby>第<rt>だい</rt></ruby>2<ruby>章<rt>しょう</rt></ruby>の<ruby>途中<rt>とちゅう</rt></ruby>から<ruby>第<rt>だい</rt></ruby>4<ruby>章<rt>しょう</rt></ruby>の<ruby>終<rt>お</rt></ruby>わりまで
3　<ruby>第<rt>だい</rt></ruby>2<ruby>章<rt>しょう</rt></ruby>のはじめから<ruby>第<rt>だい</rt></ruby>4<ruby>章<rt>しょう</rt></ruby>の<ruby>途中<rt>とちゅう</rt></ruby>まで
4　<ruby>第<rt>だい</rt></ruby>2<ruby>章<rt>しょう</rt></ruby>の<ruby>途中<rt>とちゅう</rt></ruby>から<ruby>第<rt>だい</rt></ruby>4<ruby>章<rt>しょう</rt></ruby>の<ruby>途中<rt>とちゅう</rt></ruby>のまで

🔊 **해석**

선생님이 학생에게 말하고 있습니다. 다음 주 시험 내용은 어디에서 어디까지입니까?

M 다음 주 시험에는 지난주에 공부한 곳이 나오니까 잘 공부해 오도록.

F 지난주라면 제2장부터 제4장까지라는 말씀이에요?

M 그래.

F 하지만 제4장은 지난달 중에 안 끝났는데 그런데도 나오나요?

M 아니, 그중에서 지난달에 공부한 부분까지 낼 생각이야.

F 양이 꽤 되네요. 큰일이다.

다음 주 시험 내용은 어디에서 어디까지입니까?

1 제2장 처음부터 제4장 끝까지
2 제2장 중간부터 제4장 끝까지
3 **제2장 처음부터 제4장 중간까지**
4 제2장 중간부터 제4장 중간까지

3

🔊 **스크립트** Tr7-3

男の人と女の人が話しています。2人はどこに来ていますか。

M ええっと、何号室だっけ。

F たしか、506号室だったと思うわよ。

M 先生、この花気に入ってくれるといいなあ。

F 私が選んだんだから間違いないわよ。ちゃんとカードも持ってきたわね？

M あ、メッセージ書くの忘れてた。ええと、何て書こう。

F 早く良くなってください、とか書けばいいんじゃないの？

2人はどこに来ていますか。

1 学校
2 病院
3 ホテル
4 映画館

🔊 **해석**

남자와 여자가 이야기하고 있습니다. 두 사람은 어디에 와 있습니까?

M 으음, 몇 호실이더라?

F 아마 506호였을 거야.

M 선생님이 이 꽃 맘에 드시면 좋겠는데.

F 내가 고른 거니까 틀림없을 거야. 카드도 잘 챙겨 왔지?

M 아, 편지 쓰는 거 잊어버렸다. 저기, 뭐라고 쓰지?

F '어서 쾌차하세요'라고 쓰면 되잖아.

두 사람은 어디에 와 있습니까?

1 학교
2 **병원**
3 호텔
4 영화관

4

🔊 **스크립트** Tr7-4

天気予報を見ています。関東地方の明日の午後の天気はどうなりますか。

F では、関東地方のお天気です。明日は朝から雨が降るでしょう。一時的に非常に強く降るところもありそうですから、注意してください。ただ、この雨はお昼ごろには止むでしょう。それでもお日様を見ることはできず、すっきりとしない空模様となりそうです。次に関西地方は晴れ、良いお天気になりそうですが、少し風が強いでしょう。

関東地方の明日の午後の天気はどうなりますか。

1 はれ
2 くもり
3 雨
4 大雨

해석

일기예보를 보고 있습니다. 관동지방의 내일 오후 날씨는 어떻습니까?

F 그럼, 관동지방의 날씨입니다. 내일은 아침부터 비가 내리겠습니다. 한때 매우 강하게 내리는 곳도 있겠으니 주의하시기 바랍니다. 다만, 이 비는 정오쯤에 그치겠습니다. 하지만 해는 볼 수는 없고 맑지 않은 개운치 않은 날씨가 되겠습니다. 다음으로 관서지방은 맑고 날씨가 좋겠습니다 다만 약간 바람이 강하겠습니다.

관동지방의 내일 오후는 어떻습니까?

1 맑음

2 흐림

3 비

4 많은 비

5

스크립트 Tr7-5

男の人が話しています。次のうち、サービス券を利用できないのはどれですか。

M 今、3000円以上買い物をしていただいたお客さまに、商店街で使える300円のサービス券をプレゼントしております。この券は、ハンバーガーショップなどのチェーン店以外の商店街すべてのお店で、今週の週末までご利用いただけます。ただし、300円未満のお買い物をされてもおつりは返ってきませんのでご注意ください。

次のうち、サービス券を利用できないのはどれですか。

1 3000円以上の買い物をしたとき

2 コーヒーのチェーン店に行ったとき

3 300円未満のものを買ったとき

4 今週の土曜日に買い物をしたとき

해석

남자가 이야기하고 있습니다. 다음 중 서비스권을 이용할 수 없는 것은 어느 것입니까?

M 지금 3천 엔 이상을 구입하신 고객님께 상가에서 사용할 수 있는 300엔짜리 서비스권을 드리고 있습니다. 이 서비스권은 햄버거 가게 등 체인점 이외의 상가 모든 상점에서, 이번 주말까지 이용하실 수 있습니다. 다만 300엔 미만을 구입하셔도 거스름돈은 받지 못하시니 주의해 주십시오.

다음 중 서비스권을 이용할 수 없는 것은 어느 것입니까?

1 3천 엔 이상 구입했을 때

2 커피 체인점에 갔을 때

3 300엔 미만의 물건을 샀을 때

4 이번 주 토요일에 구입했을 때

6

스크립트 Tr7-6

男子学生と女子学生が文化祭について話しています。文化祭で何をすることにしましたか。

M やっぱり、みんながあっと驚くようなものがしたいよね。

F それじゃあ、やっぱりマジックとかいいんじゃない?

M でも、それって練習が大変じゃないかな。それより、何か作るのはどう?

F 何か作るって?

M たとえば、使用済みの紙コップを集めてきて、大きな恐竜を作るとか。

F 洗うのも大変だし、そんな時間があるならマジックの練習したほうが早いわよ。

M そうかなあ。

文化祭で何をすることにしましたか。

1 マジックをする。

2 紙コップを集める。

3 きょうりゅうを作る。

4 まだ決まっていない。

📖 해석

남학생과 여학생이 축제에 대해 이야기하고 있습니다. 축제에서 무엇을 하기로 했습니까?

M 역시 모두가 놀랄 만한 걸 하고 싶은데.

F 그럼, 역시 마술 같은 게 좋지 않아?

M 하지만 그거 연습이 힘들지 않을까? 그보다 뭔가 만드는 건 어때?

F 뭔가 만들다니?

M 예를 들면 다 쓴 종이컵을 모아서 큰 공룡을 만든다거나.

F 씻는 것도 힘들고 그럴 시간이 있으면 마술 연습하는 게 빠를 거야.

M 그런가?

축제에서 무엇을 하기로 했습니까?

1 마술을 한다.

2 종이컵을 모은다.

3 공룡을 만든다.

4 아직 정하지 않았다.

問題2 포인트 이해

1

📄 스크립트　Tr7-7

<ruby>親子<rt>おやこ</rt></ruby>が<ruby>話<rt>はな</rt></ruby>しています。<ruby>男<rt>おとこ</rt></ruby>の<ruby>子<rt>こ</rt></ruby>はどんな<ruby>性格<rt>せいかく</rt></ruby>ですか。

M お<ruby>母<rt>かあ</rt></ruby>さん、また<ruby>先生<rt>せんせい</rt></ruby>に<ruby>怒<rt>おこ</rt></ruby>られちゃったよ。

F この<ruby>子<rt>こ</rt></ruby>は…。<ruby>今度<rt>こんど</rt></ruby>は<ruby>何<rt>なに</rt></ruby>したの。

M <ruby>何<rt>なに</rt></ruby>もしてないよ。<ruby>授業中<rt>じゅぎょうちゅう</rt></ruby>にとなりの<ruby>子<rt>こ</rt></ruby>と<ruby>話<rt>はな</rt></ruby>してただけ。

F そりゃ<ruby>先生怒<rt>せんせいおこ</rt></ruby>るわよ。こないだも<ruby>図工<rt>ずこう</rt></ruby>の<ruby>時間<rt>じかん</rt></ruby>に<ruby>歩<rt>ある</rt></ruby>き<ruby>回<rt>まわ</rt></ruby>ってたんでしょ?

M だって、みんなどんな<ruby>絵<rt>え</rt></ruby>をかいてるか<ruby>気<rt>き</rt></ruby>になっ

たんだもん。

F それでもだめよ…。ちょっと!<ruby>人<rt>ひと</rt></ruby>が<ruby>話<rt>はなし</rt></ruby>をしてるんだから<ruby>座<rt>すわ</rt></ruby>りなさい!

<ruby>男<rt>おとこ</rt></ruby>の<ruby>子<rt>こ</rt></ruby>はどんな<ruby>性格<rt>せいかく</rt></ruby>ですか。

1 おとなしい

2 おこりっぽい

3 おちつきがない

4 わすれっぽい

📖 해석

어머니와 아들이 이야기하고 있습니다. 아들은 어떤 성격입니까?

M 엄마, 또 선생님한테 혼났어.

F 이 녀석이…. 이번에는 무슨 일이야?

M 아무 짓도 안 했어. 수업중에 옆 친구랑 얘기한 것밖에.

F 그야 선생님이 화내실 만하지. 얼마 전에도 공작 시간에 돌아다녔잖니?

M 그렇지만 다들 어떤 그림을 그리는지 궁금했단 말이야.

F 그래도 안 돼…. 사람이 얘기하고 있는데 좀 앉아라!

아들은 어떤 성격입니까?

1 얌전하다

2 화를 잘 낸다

3 차분하지 않다

4 잘 잊어버린다

2

📄 스크립트　Tr7-8

<ruby>夫婦<rt>ふうふ</rt></ruby>が<ruby>話<rt>はな</rt></ruby>しています。<ruby>奥<rt>おく</rt></ruby>さんが、<ruby>時間<rt>じかん</rt></ruby>があったらやりたいと<ruby>思<rt>おも</rt></ruby>っていることは<ruby>何<rt>なん</rt></ruby>ですか。

M ねえ、もし100<ruby>万円<rt>まんえん</rt></ruby>あったらどうする。

F そうねえ、わたしはブランド<ruby>品<rt>ひん</rt></ruby>のかばんが<ruby>買<rt>か</rt></ruby>いたいわ。

M かばんなら、<ruby>今<rt>いま</rt></ruby>もたくさんあるじゃないか。そ

れより海外旅行なんてどう？

F　そりゃ行きたいけど、そんな時間なんてないわよ。仕事がいそがしくて。

M　ぼくは新しい釣りの道具を買いたいな。今のはもう古くって。

F　でも釣り道具って意外と高いじゃない。100万円なんてすぐよ。

奥さんが、時間があったらやりたいと思っていることは何ですか。

1　買い物をする
2　海外旅行に行く
3　ゆっくり休む
4　つりの道具を買う

📖 **해석**

부부가 이야기하고 있습니다. 부인이 시간이 있으면 하고 싶다고 생각하는 것은 무엇입니까?

M　이봐, 만약에 100만 엔 생기면 어떻게 할거야?

F　글쎄, 난 명품 가방을 사고 싶어.

M　가방이면 지금도 많이 있잖아. 그보다 해외여행은 어때?

F　그야 가고 싶지만, 그럴 시간이 어디 있어. 일이 바빠서.

M　난 새 낚시 도구를 사고 싶어. 지금 건 너무 오래돼서.

F　하지만 낚시 도구는 의외로 비싸잖아. 100만 엔은 금세 없어져.

부인이 시간이 있으면 하고 싶다고 생각하는 것은 무엇입니까?

1　쇼핑을 한다
2　**해외여행을 간다**
3　푹 쉰다
4　낚시 도구를 산다

3

📄 **스크립트**　Tr7-9

テレビで男の人が話しています。男の人がダイエットで一番大変だったのは何だと言っていますか。

M　これが2年前の私の写真です。信じられないでしょう。今より30キロも太っていて、階段をのぼるにも、服を着るにも一苦労でした。太っているせいで好きな女の人にふられた私は、ダイエットすることにしました。車ではなく地下鉄で通勤し、毎日10キロ走るようにしました。運動も大変でしたが一番つらかったのは大好きなお酒を我慢したことです。

男の人がダイエットで一番大変だったのは何だと言っていますか。

1　かいだんをのぼること
2　10キロずつ走ること
3　おさけを飲まないこと
4　女の人にふられたこと

📖 **해석**

텔레비전에서 남자가 이야기하고 있습니다. 남자가 다이어트로 가장 힘들었던 것은 무엇이라고 말하고 있습니까?

M　이것이 2년 전 제 사진입니다. 안 믿어지시죠? 지금보다 30킬로나 쪘고, 계단을 오르는데도 옷을 입는데도 힘들었습니다. 뚱뚱하다는 이유로 좋아하는 여자한테 차인 저는 다이어트를 하기로 했습니다. 차가 아니라 지하철로 출퇴근하고 매일 10킬로를 달리기로 했습니다. 운동도 힘들었지만 가장 괴로웠던 것은 제일 좋아하는 술을 참는 일이었습니다.

남자가 다이어트로 가장 힘들었던 것은 무엇이라고 말하고 있습니까?

1　계단을 오르는 일
2　10킬로씩 달리는 일
3　**술을 마시지 않는 일**
4　여자에게 차인 일

4

🔊 스크립트　Tr7-10

テレビで女の人が話しています。明日はどうなると言っていますか。

F　天気予報をお伝えします。中部地方の明日は、朝のうちは晴れますが、午後から雲が広がり、夕方ごろには雨が降り始めるところもあるでしょう。また雨ともに風も強く吹きそうです。今日は暖かい一日となりましたが、この雨が止んだ後は非常に寒くなります。明日は暖かくしてお出かけください。

明日はどうなると言っていますか。

1　一日中はれる。
2　朝から雨がふる。
3　今日よりあたたかい。
4　気温が下がる。

🔊 해석

텔레비전에서 여자가 말하고 있습니다. 내일은 어떻게 된다고 말하고 있습니까?

F　일기예보를 알려 드리겠습니다. 중부지방의 내일 날씨는 아침 나절에는 맑겠습니다만, 오후부터 구름이 덮이고 저녁 무렵에는 비가 내리기 시작하는 곳도 있겠습니다. 또한 비와 함께 바람도 강하게 불 것입니다. 오늘은 따뜻한 하루가 되겠습니다만, 이 비가 그친 뒤에는 매우 추워지겠습니다. 내일은 따뜻하게 입으시고 외출하시기 바랍니다.

내일은 어떻게 된다고 말하고 있습니까?

1　하루 종일 맑다.
2　아침부터 비가 내린다.
3　오늘보다 따뜻하다.
4　기온이 떨어진다.

5

🔊 스크립트　Tr7-11

ピアノの先生と生徒が話しています。先生は生徒の何が問題だと言っていますか。

M　先生、このパートなんですが、どうひけばいいかわからなくて…。

F　うん、ここは今よりちょっとゆっくりひいたほうがいいわよ。

M　ぼく、むずかしいところになるとあせっちゃって…。やっぱりスピードが問題ですか。

F　ただスピードを落とせばいいってわけじゃないの。一つ一つの音をていねいにひかないと。

M　ていねいに…ですか?

F　つまり、同じドの音でも場合によって、強くひいたり、軽くたたいたり、音に表情がないとね。

先生は生徒の何が問題だと言っていますか。

1　あせってしまうこと
2　ひくスピード
3　強くひきすぎること
4　いつもおなじ調子でひくこと

🔊 해석

피아노 선생님과 학생이 이야기하고 있습니다. 선생님은 학생의 무엇이 문제라고 말하고 있습니까?

M　선생님, 이 파트 말인데요, 어떻게 쳐야 될지 몰라서요….
F　으음, 여기는 지금보다 좀 천천히 치는 편이 좋아.
M　저, 어려운 데가 나오면 긴장해서…. 역시 속도가 문제인가요?
F　단지 속도를 늦춘다고 되는 게 아니야. 하나하나 음을 제대로 쳐야지.
M　제대로…요?
F　그러니까, 같은 도 음이라도 경우에 따라서 강하게 치기도 하고 약하게 두드리기도 하고, 음에 표정이 있어야 해.

선생님은 학생의 무엇이 문제라고 말하고 있습니까?

1　긴장해 버리는 것
2　치는 속도
3　너무 세게 치는 것
4　항상 같은 장단으로 치는 것

6

📄 **스크립트**　Tr7-12

テレビで女の人が話しています。大学院へ進む人が増えている理由は何だと言っていますか。

F　近年、学歴の高い人が増えています。つまり、大学を卒業した後、大学院に進む人がとても多くなっているのです。こんな話を聞くと、最近の若い人は勉強熱心で感心だと思うかもしれません。でも、彼らが大学院に行く理由をよく調べてみると、必ずしも勉強が好きだからというわけではなく、就職が決まらなくて仕方なく進学するというケースが非常に多いのだそうです。

大学院へ進む人が増えている理由は何だと言っていますか。

1　しゅうしょくしたくないから
2　勉強がつづけたいから
3　仕事が見つからないから
4　ゆうしゅうな人が多いから

📄 **해석**

텔레비전에서 여자가 이야기하고 있습니다. 대학원에 진학하는 사람이 늘고 있는 이유는 무엇이라고 말하고 있습니까?

F　최근에 학력이 높은 사람이 늘고 있습니다. 즉, 대학교를 졸업한 후에 대학원에 진학하는 사람이 매우 많아지고 있다는 것입니다. 이런 이야기를 들으면, 요즘 젊은이들이 공부를 열심히 하니 기특하다고 생각할지도 모릅니다. 하지만 그들이 대학원에 가는 이유를 제대로 조사해 보면, 반드시 공부를 좋아해서가 아니라, 취직이 안 돼서 진학

하는 케이스가 매우 많다고 합니다.

대학원에 진학하는 사람이 늘고 있는 이유는 무엇이라고 말하고 있습니까?

1　취직하고 싶지 않아서
2　공부를 계속하고 싶어서
3　일을 못 구해서
4　우수한 사람이 많아서

問題3 개요 이해

1

📄 **스크립트**　Tr7-13

男の人と女の人が電話で話しています。

M　もしもし、すみれさん？
F　あら、たけしさん。どうしたの。
M　い、いやあ…。あの、すみれさん、ちょっと話がががあって…。あのう、映画好き？
F　映画？うん、大好きだけど？
M　今、「運命の恋人」って映画やってるんだけど、見た？
F　ううん。テレビなんかで「恋人同士で見てください」って言ってるでしょ？だから友達同士で見てもしょうがないかなって思って。
M　だから、ぼ、ぼくはすみれさんとぜひ見たいと思ってたんだ、あの映画…。
F　えっ、それって…。

男の人が女の人に電話をした目的は何ですか。

1　どんな映画がすきか聞くため
2　すみれさんに気持ちを伝えるため
3　友情をたしかめるため
4　おもしろい映画を見に行くため

해석

남자와 여자가 전화로 이야기하고 있습니다.

M 여보세요. 스미레 씨?

F 어머, 다케시 씨. 무슨 일이야?

M 아, 아니…. 저기, 스미레 씨, 할 말이 좀 있어서…. 저기, 영화 좋아해?

F 영화? 응, 아주 좋아하는데?

M 지금 「운명의 연인」이라는 영화 하고 있는데, 봤어?

F 아니, 텔레비전에서 '연인들끼리 보세요'라고 하던데? 그래서 친구끼리 봐도 별로일 것 같아서.

M 그러니까, 나, 난 스미레 씨하고 꼭 보고 싶었어, 그 영화….

F 어, 그 말은….

남자가 여자에게 전화를 한 목적은 무엇입니까?

1 어떤 영화를 좋아하는지 묻기 위해

2 스미레 씨에게 사랑을 고백하기 위해

3 우정을 확인하기 위해

4 재미있는 영화를 보러 가기 위해

2

스크립트　Tr7-14

男の人がテレビで話しています。

M 部屋のすみや、本棚の上など、きれいにしたくてもなかなかうまくできませんよね。でも、今回発売の「ホコリトレール」を使えば大丈夫。吸い込み口の形が自由に変化、しっかりときれいにしてくれます。また、吸い込む力も今までの製品の3倍以上！ベッドの奥や手の届かないところのほこりもすっきり！お値段もたったの1万3千円！どうぞ、今すぐお電話ください。

男の人は何をしていますか。

1 そうじをしている。

2 ごみをすいこんでいる。

3 そうじきを売っている。

4 電話をしている。

해석

남자가 텔레비전에서 이야기하고 있습니다.

M 방의 구석이나 책장 위 등, 깨끗하게 하고 싶어도 좀처럼 안 되지요? 하지만 이번에 발매된 '먼지 트레일'을 사용하시면 괜찮습니다. 흡입구 모양이 자유롭게 바뀌어서 확실히 깨끗하게 해 줍니다. 그리고 흡입력도 지금까지 나온 제품보다 3배 이상! 침대 안쪽이나 손이 닿지 않는 곳의 먼지도 깨끗이! 가격도 겨우 13,000 엔! 자, 지금 바로 전화 주세요.

남자는 무엇을 하고 있습니까?

1 청소를 하고 있다.

2 쓰레기를 빨아들이고 있다.

3 청소기를 팔고 있다.

4 전화를 하고 있다.

3

스크립트　Tr7-15

男の人と女の人が話しています。

M わあ、ずいぶんたくさん買ってきたんだね。

F そうよ、すごいでしょう。大根に、なすに、にんじん、それから白菜。

M へえ、大根の種ってはじめて見たよ。

F こんな小さいのが、ちゃんと野菜になるなんて本当に不思議よね。

M でも、草をとったり、水をあげたり、薬をまいたり、いろいろ大変だよ。

F うん、世話するのに思ったよりお金もかかるみたい。

M スーパーで買ってきたほうが安くて早いんじゃないの？

F でも、自分の口に入るものなんだし、何より安心できるのが一番じゃない。

女の人はこれから何をしようとしていますか。

1 野菜を買おうとしている。
2 野菜を売ろうとしている。
3 野菜をそだてようとしている。
4 野菜について勉強しようとしている。

📖 해석

남자와 여자가 이야기하고 있습니다.

M 와아, 꽤 많이 사 왔구나.

F 그래, 꽤 많지? 무에다 가지, 당근, 그리고 배추.

M 와, 무 씨는 처음 봤어.

F 이 작은 게 채소가 된다니 정말 신기하지.

M 하지만 풀을 뽑고 물을 주고 약을 치고 여러 가지 힘들지.

F 응, 돌보는데 생각보다 돈도 드는 것 같아.

M 슈퍼마켓에서 사 오는 게 싸고 빠르지 않나?

F 그래도 내 입에 들어가는 거니까, 무엇보다 안심할 수 있는 게 제일이잖아.

여자는 앞으로 무엇을 하려고 합니까?

1 야채를 사려고 한다.
2 야채를 팔려고 한다.
3 야채를 키우려고 한다.
4 야채에 대해 공부하려고 한다.

問題4 발화 표현

1

📖 스크립트 Tr7-16

お母さんが自分の子供の先生に会いました。何と言いますか。

1 いつもお世話になっています。
2 いつもご苦労さまです。
3 お世話になりました。

📖 해석

어머니가 아이의 선생님을 만났습니다. 뭐라고 말합니까?

1 항상 신세 지고 있습니다.
2 항상 수고하십니다.
3 신세 졌습니다.

2

📖 스크립트 Tr7-17

先生の研究室に行きたいです。何と言いますか。

1 うかがってもよろしいですか。
2 いらっしゃってもいいですか。
3 お目にかかってもよろしいですか。

📖 해석

선생님 연구실에 가고 싶습니다. 뭐라고 말합니까?

1 찾아뵈어도 괜찮습니까?
2 오셔도 됩니까?
3 만나뵈어도 괜찮습니까?

3

📖 스크립트 Tr7-18

みかんをたくさんもらいました。何と言いますか。

1 これだけでごめんなさい。
2 こんなにすみません。
3 こんなにうれしいです。

🔊 해석

귤을 많이 받았습니다. 뭐라고 말합니까?

1　이것밖에 안 돼서 죄송해요.

2　이렇게 (많이) 고맙습니다.

3　이렇게 기쁩니다.

4

🔊 스크립트　Tr7-19

部屋に入ってきたお客さんが立っています。何
と言いますか。

1　おかけください。

2　おすわりなさい。

3　おめしあがりください。

🔊 해석

방에 들어온 손님이 서 있습니다. 뭐라고 말합니까?

1　앉으세요.

2　앉으시오.

3　드세요.

問題5 즉시 응답

1

🔊 스크립트　Tr7-20

F　どうしてくれるんです？ あやまってください。

M　1　どういたしまして。

　　2　それほどでも。

　　3　すみませんでした。

🔊 해석

F　어떻게 할 거예요? 사과하세요.

M　1　천만에요.

　　2　그정도는 아니에요.

　　3　죄송합니다.

2

🔊 스크립트　Tr7-21

M　すみません、紅茶をお願いします。

F　1　あがりました。

　　2　かしこまりました。

　　3　おじゃましました。

🔊 해석

M　저기요, 홍차 주세요.

F　1　다 되었습니다.

　　2　알겠습니다.

　　3　실례했습니다.

3

🔊 스크립트　Tr7-22

M　新しい学校はどうですか。

F　1　だいぶ慣れてきました。

　　2　だいぶ晴れてきました。

　　3　だいぶとれてきました。

🔊 해석

F　새 학교는 어때요?

M　1　꽤 익숙해졌어요.

　　2　꽤 맑아졌어요.

　　3　꽤 풀렸어요.

4

📑 스크립트　Tr7-23

M　なぐられたくなかったら早くしろ！

F　1　ずいぶん親切ね。

　　2　ずいぶん乱暴ね。

　　3　ずいぶん人気ね。

📖 해석

M　맞기 싫으면 빨리해!

F　1　아주 친절하구나.

　　2　아주 난폭하구나.

　　3　아주 인기구나.

5

📑 스크립트　Tr7-24

M　なんだかいい香りだね。

F　1　香水変えたの。

　　2　オペラ見てきたの。

　　3　自転車買ったの。

📖 해석

M　왠지 좋은 향이 나네.

F　1　향수 바꿨어.

　　2　오페라 보고 왔어.

　　3　자전거 샀어.

6

📑 스크립트　Tr7-25

M　酒が足りないなあ。おい、酒持ってきて！

F　1　そろそろ始めましょう。

　　2　もうそのぐらいにしたら。

　　3　いい加減に飲んでください。

📖 해석

M　술이 부족한걸. 이봐, 술 가져와!

F　1　슬슬 시작합시다.

　　2　이제 그만해요.

　　3　어지간히 좀 마셔요.

7

📑 스크립트　Tr7-26

M　拝見してもよろしいですか。

F　1　どうぞご覧ください。

　　2　どうぞお召しください。

　　3　どうぞお考えください。

📖 해석

F　봐도 될까요?

M　1　어서 보세요.

　　2　어서 입으세요.

　　3　어서 생각해 주세요.

8

🔊 **스크립트** Tr7-27

F　ごめんください。

M　1　いいえ、大丈夫ですよ。

　　2　はい、どなたですか。

　　3　それはおそれいります。

🔊 **해석**

F　실례합니다.

M　1　아니오, 괜찮아요.

　　2　네, 누구세요?

　　3　그거 죄송합니다.

9

🔊 **스크립트** Tr7-28

M　太田部長いらっしゃいますか。

F　1　もうすぐいらっしゃいます。

　　2　外出しております。

　　3　お出かけになっています。

🔊 **해석**

M　오타 부장님 계십니까?

F　1　이제 곧 오십니다.

　　2　외출했습니다.

　　3　외출하셨습니다.

파이널 모의테스트　3회

問題1 과제 이해

1

🔊 **스크립트** Tr8-1

レストランで男の人が注文しています。男の人はどのソースを選びましたか。

M　アジアステーキセット一つ、お願いします。

F　はい、ソースは韓国風と中華風、どちらになさいますか。

M　ええっと、韓国風ソースってどんな味ですか。

F　とうがらしが効いたスパイシーな味でございます。

M　そっか…。辛いの苦手だからなぁ。他のソースはないんですか。

F　アジアステーキセットはこちらだけになっております。

M　じゃあ、ぼくはこっちにします。

F　はい、かしこまりました。

男の人はどのソースを選びましたか。

1　かんこく風ソース

2　ちゅうか風ソース

3　りょうほうえらんだ

4　どちらもえらばなかった

🔊 **해석**

레스토랑에서 남자가 주문하고 있습니다. 남자는 어느 소스를 골랐습니까?

M　아시아 스테이크 세트 하나 주세요.

F　네, 소스는 한국식과 중국식 어느 쪽으로 하시겠습니까?

M 으음, 한국식 소스는 어떤 맛이에요?

F 고추가 들어간 매운맛입니다.

M 그렇구나…. 매운 건 잘 못 먹는데. 다른 소스는 없어요?

F 아시아 스테이크 세트는 이것 뿐입니다.

M 그럼, 나는 이걸로 할게요.

F 네, 알겠습니다.

남자는 어느 소스를 골랐습니까?

1 한국식 소스

2 중국식 소스

3 둘 다 골랐다

4 어느 쪽도 고르지 않았다

2

📄 **스크립트** Tr8-2

男の人と女の人が映画館で話しています。2人
はどの映画を見ることにしましたか。

M どの映画にしようか。

F 今話題の「赤い鳥と青い鳥」にしようよ。私
見たかったんだ。

M でも、始まるまで2時間もあるよ。この「白い
牛乳」ってやつにしようよ。すぐだし。

F ええーっ、友達がそれすごくつまんなかったっ
て言ってたよ。

M そうか、じゃあ「幸せの黄色いTシャツ」はど
う？

F うーん、でも今日って私の誕生祝いで映画館
来たんだし…。

M そうだったね。わかったよ。

2人はどの映画を見ることにしましたか。

1 「赤い鳥と青い鳥」

2 「白い牛乳」

3 「しあわせの黄色いTシャツ」

4 まだ決まっていない

해석

남자와 여자가 영화관에서 이야기하고 있습니다. 두 사람은
어느 영화를 보기로 했습니까?

M 어느 영화 볼까?

F 요즘 뜨는 「빨강 새와 파랑 새」 보자. 나 보고 싶었어.

M 하지만 시작하려면 2시간이나 있어야 돼. 이 「흰 우유」라
는 거 보자. 바로 시작하니까.

F 에이, 친구가 그거 진짜 재미없었대.

M 그렇구나, 그럼 「행복한 노란 T셔츠」는 어때?

F 음, 근데 오늘 내 생일선물로 영화관에 온 거니까….

M 그랬지. 알았어.

두 사람은 어느 영화를 보기로 했습니까?

1 「빨강 새와 파랑 새」

2 「흰 우유」

3 「행복한 노란 T셔츠」

4 아직 정하지 않았다

3

📄 **스크립트** Tr8-3

男の人と女の人が電話で話しています。2人は
いつどこで会うことにしましたか。

M もしもし、今日の約束なんですが。

F はい、渋谷駅前に6時でしたよね。

M それが5時半に別の急用が入ってしまいまし
て…。

F あ、じゃあちょっと遅れていらっしゃるんです
か。

M ええ…。それで、もし山田さんさえ構わなけれ
ば、早めにお会いすることってできますか。

F 早めにって言いますと、どのくらいですか。

M もともとの約束の1時間前はいかがでしょう
か。

F わかりました。でも、わたし、その時間は新宿
にいるんですが。

M では、私がそちらへ向かいます。

2人はいつどこで会うことにしましたか。

1 6時に渋谷駅で会う。

2 5時に新宿駅で会う。

3 6時半に渋谷駅で会う。

4 5時半に新宿駅で会う。

🔊 해석

남자와 여자가 전화로 이야기하고 있습니다. 두 사람은 언제 어디에서 만나기로 했습니까?

M 여보세요, 오늘 약속 말인데요.

F 네, 시부야역 앞에서 6시였지요?

M 그게 5시 반에 다른 급한 일이 생겨서….

F 아, 그럼 늦게 오시는 거예요?

M 네…. 그래서 만약에 야마다 씨만 괜찮으시면 일찍 만나 뵐 수 있을까요?

F 일찍이라면 어느 정도요?

M 원래 약속보다 1시간 전은 어떠세요?

F 알겠어요. 하지만 저 그 시간에는 신주쿠에 있는데요.

M 그럼, 제가 그쪽으로 가겠습니다.

두 사람은 언제 어디에서 만나기로 했습니까?

1 6시에 시부야 역에서 만난다.

2 5시에 신주쿠 역에서 만난다.

3 6시 반에 시부야 역에서 만난다.

4 5시 반에 신주쿠 역에서 만난다.

4

🔊 스크립트　Tr8-4

大学で学生が話しています。男の学生はどの授業をとることにしましたか。

M こんどの学期どの授業とる?

F 私は月曜の日本語の授業。ねえ、一緒にとろうよ。

M ええっ、月曜の朝から山田先生の顔なんか見たくないよ。それより、木曜の韓国文化論、面白そうじゃない?

F それ、キム先生の授業は面白いんだけど、テストが結構難しくて大変だって言ってたよ。

M そっかあ…。じゃあ、君と同じ授業にするよ。

F 今度はずる休みしてもノート貸さないわよ。

男の学生はどの授業をとることにしましたか。

1 月曜日のキム先生のじゅ業

2 月曜日の山田先生のじゅ業

3 木曜日のキム先生のじゅ業

4 木曜日の山田先生のじゅ業

🔊 해석

대학에서 학생들이 이야기하고 있습니다. 남학생은 어느 수업을 듣기로 했습니까?

M 이번 학기에 어느 수업 들어?

F 나는 월요일 일본어 수업. 야, 같이 듣자.

M 으이구, 월요일 아침부터 야마다 선생님 얼굴 보고 싶지 않아. 그보다 목요일 한국문화론, 재미있지 않을까?

F 그거, 김 선생님 수업은 재미있는데, 시험이 꽤 어려워서 힘들다고 하더라고.

M 그래…. 그럼 너랑 같은 수업 들을래.

F 이번에는 땡땡이 쳐도 노트 안 빌려 줄거야.

남학생은 어느 수업을 듣기로 했습니까?

1 월요일 김 선생님 수업

2 월요일 야마다 선생님 수업

3 목요일 김 선생님 수업

4 목요일 야마다 선생님 수업

5

📄 **스크립트**　Tr8-5

先生が明日の遠足の持ち物について話しています。男の子は何を持って行きますか。

M　先生、コーラ持って行ってもいいですか。

F　飲み物は甘くないものにしてね。スポーツ飲料もだめよ。

M　じゃあ、お弁当にハンバーガー買ってくるのは？

F　せっかくの遠足なんだから、手作りのものにしましょう。

M　でも、昨日からお母さん出張で家にいないんです。

F　それなら特別に今回だけ先生が二人分持ってきてあげる。

M　やったあ！あ、お菓子は300円以内なら何でもいいんですよね。

F　いいけど、暑い中を歩くから溶けないものにしてね。

男の子は何を持って行きますか。

1　スポーツ飲料
2　ハンバーガー
3　おかし
4　おべんとう

📄 **해석**

선생님이 내일 소풍의 소지품에 대해 이야기하고 있습니다. 남자아이는 무엇을 가지고 갑니까?

M　선생님, 콜라 가져가도 돼요?

F　음료수는 달지 않은 걸로 해. 스포츠 음료도 안 돼.

M　그럼, 도시락으로 햄버거 사 오는 거는요?

F　모처럼의 소풍이니까 손수 만든 것으로 가져오자.

M　하지만 어제부터 엄마가 출장 가서서 집에 안 계셔요.

F　그러면 특별히 이번만 선생님이 2인분 가지고 와 줄게.

M　야호! 아, 과자는 300엔 이내면 뭐든지 괜찮지요?

F　괜찮은데, 더위 속을 걸으니까 녹지 않는 걸로 해.

남자아이는 무엇을 가지고 갑니까?

1　스포츠 음료
2　햄버거
3　과자
4　도시락

6

📄 **스크립트**　Tr8-6

男の人と女の人が話しています。2人は今何をしていますか。

M　やれやれさっぱりだなあ。

F　本当に全然来ないわねえ。やっぱりこの暑さの中、たこやきなんてねえ。

M　今日はとくに暑いだろ。だからだよ。

F　でも、昨日は涼しかったのにだめだったじゃない。

M　昨日は午後から雨がふってただろ。だから買いに来たくても来られなかったんだって。

F　味に問題があるんじゃなくて？

M　それはないよ。

F　それにしてもこんなにたくさん作っちゃってぇ。

2人は今何をしていますか。

1　たこやきを売っている。
2　たこやきを食べている。
3　たこやきを買っている。
4　たこやきを作っている。

해석

남자와 여자가 이야기하고 있습니다. 두 사람은 지금 무엇을 하고 있습니까?

M 거 참, 형편없네.

F 정말 전혀 안 오네. 역시 이 더위 속에 다코야키라니.

M 오늘은 특히 덥잖아. 그러니까.

F 하지만 어제는 시원했는데도 안 됐잖아.

M 어제는 오후부터 비가 왔잖아. 그러니까 사러 오고 싶어도 못 온 거겠지.

F 맛에 문제가 있는 건 아니고?

M 그렇진 않아.

F 그건 그렇고 이렇게나 많이 만들어버렸으니.

두 사람은 지금 무엇을 하고 있습니까?

1 다코야키를 팔고 있다.
2 다코야키를 먹고 있다.
3 다코야키를 사고 있다.
4 다코야키를 만들고 있다.

問題2 포인트 이해

1

스크립트　Tr8-7

男の人と女の人が話しています。男の人は何に不満を持っていますか。

M ぼくは何もレストランみたいな料理を出してくれと言ってるわけじゃないんだ。

F 私だって、努力してるのよ。そのこともちょっとは理解してよ。

M 君の料理は…。なんていうかな、ぱっと見ておいしそうじゃないんだよ。

F でも、味はいいんだから文句言わずに食べてよ。

M 食べる以前に、食欲がわかないんだよ。

F どうせ食べるくせに、変なところにこだわらないでほしいわね。

男の人は何に不満を持っていますか。

1 料理の味
2 女の人のことば
3 料理の見た目
4 女の人の食欲

해석

남자와 여자가 이야기하고 있습니다. 남자는 무엇에 불만을 갖고 있습니까?

M 나는 뭐 레스토랑 같은 요리를 해 달라고 하는게 아니야.

F 나도 노력하고 있어. 그 점도 조금은 이해해 줘.

M 당신 요리는…. 뭐라고 할까, 딱 봐도 맛있어 보이지가 않아.

F 하지만 맛은 좋으니까 불평 말고 먹어.

M 먹기 전에 식욕이 생기질 않는다고.

F 어차피 먹을 거면서, 쓸데없는 것에 신경 쓰지 말아 줘.

남자는 무엇에 불만을 갖고 있습니까?

1 요리의 맛
2 여자의 말
3 요리의 겉모습
4 여자의 식욕

2

스크립트　Tr8-8

男の人がインタビューをしています。女の人はどんなとき幸せだと言っていますか。

M 長年、無料の教室をやってこられると、いろいろご苦労もあるんじゃないですか。

F そうですねえ。苦労がないといえばうそでしょうね。でも、その苦労を楽しめるようになってきましたね。

M 幼いころここで学んだ人が訪ねて来ることもありますか。

F　ええ、小さかった子がとっても立派になってね。有名な実業家になった子もいますよ。

M　教え子が世間で成功すると、さぞ嬉しいでしょうね。

F　まあ、それもそうですが、ここのことを忘れずに訪ねてくれると、ああやっててよかったなと思いますよ。

女の人はどんなとき幸せだと言っていますか。

1　苦労を楽しんでいるとき
2　教え子が出世したとき
3　教え子がたずねてきたとき
4　有名な実業家をそだてたとき

📋 해석

남자가 인터뷰를 하고 있습니다. 여자는 어떨 때 행복하다고 말하고 있습니까?

M　오랫동안 무료 교실을 해 오시면서 여러 가지 고생도 하지 않으셨나요?

F　글쎄요. 고생이 없었다고 하면 거짓말이지요. 하지만 그 고생을 즐길 수 있게 되었답니다.

M　어렸을 적에 여기에서 배웠던 사람이 찾아온 적도 있습니까?

F　네, 어렸던 아이가 아주 훌륭해져서요. 유명한 기업가가 된 아이도 있지요.

M　제자가 사회에서 성공하면 정말로 기쁘시겠어요.

F　뭐, 그것도 그렇지만, 여기를 잊지 않고 찾아 주면 이 일을 하길 잘했다는 생각이 들어요.

여자는 어떨 때 행복하다고 말하고 있습니까?

1　고생을 즐기고 있을 때
2　제자가 출세했을 때
3　**제자가 찾아왔을 때**
4　유명한 실업가를 키웠을 때

3

📋 스크립트　Tr8-9

女の人が自分の部屋について話しています。女の人はどんなところが一番気に入っていますか。

F　私はこのあいだ引越しをしました。部屋を見せられた瞬間、ここだと思いすぐに決めました。最初は場所にひかれました。駅からも近いし、私が通っている学校へも歩いて行けます。また、商店街もあって便利です。トイレも清潔で気に入りました。でも、住んでみてこの部屋がさらに好きになりました。この窓のおかげです。朝になるとまぶしい光がいっぱい入ってきて、よし今日もがんばるぞという気分にさせてくれるんです。

女の人はどんなところが一番気に入っていますか。

1　駅が近いこと
2　近所にお店が多いこと
3　トイレがせいけつなこと
4　日当たりがいいこと

📋 해석

여자가 자기 방에 대해 이야기하고 있습니다. 여자는 어떤 점을 가장 마음에 들어합니까?

F　저는 얼마 전에 이사를 했습니다. 방을 본 순간, 여기다 하는 생각이 들어서 바로 결정했습니다. 처음에는 장소에 끌렸습니다. 역에서도 가깝고, 제가 다니는 학교에도 걸어갈 수 있습니다. 그리고 상점가도 있어서 편리합니다. 화장실도 깨끗해서 마음에 들었습니다. 그런데 살아 보니 이 방이 더욱더 좋아졌습니다. 이 창 덕분이에요. 아침이 되면 눈부신 빛이 가득 들어와서, 그래 오늘도 힘내야지 하는 마음을 갖게 해 줍니다.

여자는 어떤 점을 가장 마음에 들어 합니까?

1　역이 가까운 점
2　근처에 가게가 많다는 점
3　화장실이 청결한 점
4　**햇볕이 잘 드는 점**

4

📑 스크립트 Tr8-10

先生と学生が話しています。学生の悩みはなんですか。

M 山田さんは入学してから、ほとんど発言してませんね。ぼくの授業がつまらないんですか。

F そんなことありません。とても面白いと思っています。

M じゃあ、なにか悩みごとでもあるんですか。友達とうまくいってないとか。

F いえ、そうじゃなくて…。実はわたし、地方の生まれだから言葉が恥ずかしくて…。

M そうだったんですか。でも、気にすることないですよ。それもあなたの個性なんですから。

F でも、こうやって話していても、変な言葉づかいするんじゃないかと気になってしまって…。

学生の悩みはなんですか。

1 自分の方言
2 授業の内容
3 人間関係
4 進路

📑 해석

선생님과 학생이 이야기하고 있습니다. 학생의 고민은 무엇입니까?

M 야마다 씨는 입학하고 나서 거의 발표를 하지 않았군요. 내 수업이 재미없나요?

F 그렇지 않습니다. 아주 재미있다고 생각해요.

M 그럼, 뭐 고민이라도 있는 겁니까? 친구랑 사이가 안 좋다거나.

F 아니요, 그런 게 아니라…. 실은 저, 지방 출신이라서 말하는 것이 부끄러워서요….

M 그랬어요? 하지만 신경 쓸 것 없어요. 그것도 당신의 개성이니까요.

F 하지만 이렇게 이야기하고 있어도, 이상하게 말하지 않을까 하고 걱정이 돼서….

학생의 고민은 무엇입니까?

1 본인의 사투리
2 수업 내용
3 인간관계
4 진로

5

📑 스크립트 Tr8-11

テレビで女の人が話しています。この人は一日のうち何に一番多くの時間を使っていますか。

F 私はテレビに出る仕事をしていますので、生活はとても不規則です。食事はたいてい移動中の車の中で簡単に済ませることが多いです。撮影は深夜遅くまでかかることもあります。そのための準備や練習にも多くの時間がかかります。でも、やはり体のコンディションがよくなくては仕事ができません。だから、どんなに忙しくても睡眠時間が働いている時間より短くならないように気を使っています。

この人は一日のうち何に一番多くの時間を使っていますか。

1 食事
2 すいみん
3 移動
4 さつえい

📑 해석

텔레비전에서 여자가 이야기하고 있습니다. 이 사람은 하루 중 무엇에 가장 많은 시간을 쓰고 있습니까?

F 저는 텔레비전에 나오는 일을 하고 있기 때문에, 생활은 매우 불규칙합니다. 식사는 대체로 이동하는 차 안에서 간단히 해결하는 경우가 많습니다. 촬영은 밤 늦게까지 하는 경우도 있습니다. 그러기 위한 준비나 연습에도 많

은 시간이 듭니다. 하지만 뭐니 뭐니 해도 몸 컨디션이 좋지 않으면 일을 못 합니다. 그래서 아무리 바빠도 수면 시간이 일하고 있는 시간보다 짧지 않도록 신경을 쓰고 있습니다.

이 사람은 하루 중 무엇에 가장 많은 시간을 쓰고 있습니까?

1 식사
2 **수면**
3 이동
4 촬영

6

📋 스크립트 Tr8-12

男の人が娘と話しています。娘が誕生日にほしがっているものは何ですか。

M もうすぐ誕生日だね。プレゼントには何がほしい？

F うーんとね、大きいぬいぐるみ。

M それならうちにもたくさんあるじゃないか。何か他にないの？

F でも、猫ちゃんのがほしいんだもん。

M 猫なら、本物をもらってきてあげてもいいんだよ。かわいいよ。

F やだやだ。だって本物の猫ちゃん、怖いんだもん。

M お父さんはお勉強がよくできるようなものを買ってあげたいんだけどなあ。

F それはお父さんの誕生日に買って、わたしにくれればいいでしょ？

娘が誕生日にほしがっているものは何ですか。

1 ほんものの動物
2 猫のぬいぐるみ
3 鉛筆などの文房具
4 特にない

📋 해석

남자가 딸과 이야기하고 있습니다. 딸이 생일에 사 달라고 하는 것은 무엇입니까?

M 이제 곧 생일이네. 선물로 뭐가 갖고 싶어?

F 음, 큰 인형.

M 그거라면 집에도 많이 있잖아. 뭐 다른 거 없어?

F 하지만, 고양이 인형이 갖고 싶단 말이야.

M 고양이면 진짜 고양이를 입양해 올 수도 있어. 귀여울 거야.

F 싫어 싫어. 살아 있는 고양이, 무섭단 말이야.

M 아빠는 공부를 잘할 수 있는 것을 사 주고 싶은데.

F 그건 아빠 생일에 사서 나한테 주면 되잖아?

딸이 생일에 사 달라고 하는 것은 무엇입니까?

1 살아 있는 동물
2 **고양이 인형**
3 연필 등의 문구
4 특별히 없다

問題3 개요 이해

1

📋 스크립트 Tr8-13

男の人が大勢の人たちの前で話しています。

M みなさんが一番心配されるのは、お子さんが日本に戻ってから学校の勉強についていけるのかということでしょう。たしかに日本の子どもたちはよく勉強しています。でも、みなさんのお子さんには他の子たちにはない多文化に対する開かれた目があります。それは、算数の問題をとけることより将来子供たちの役に立つことなのです。それより、せっかく覚えた外国語を忘れないように気をつけてあげてください。

男の人が話しているのは何のことですか。

1 留学先での生活

2 <ruby>外国語<rt>がいこくご</rt></ruby>の<ruby>大切<rt>たいせつ</rt></ruby>さ

3 <ruby>帰国後<rt>きこくご</rt></ruby>の<ruby>教育<rt>きょういく</rt></ruby>

4 <ruby>日本<rt>にほん</rt></ruby>の<ruby>子<rt>こ</rt></ruby>どもたち

🔊 해석

남자가 많은 사람들 앞에서 이야기하고 있습니다.

M 여러분이 가장 걱정하시는 것은, 자녀분이 일본에 돌아가고 난 후에 학교 공부를 따라갈 수 있을지에 대한 것이겠지요. 확실히 일본 아이들은 공부를 열심히 하고 있습니다. 하지만 여러분의 자녀들에게는 다른 아이들에게 없는 다문화에 대한 열린 눈이 있습니다. 그것은 산수 문제를 푸는 것보다 장래에 아이들에게 도움이 되는 것입니다. 그보다 모처럼 익힌 외국어를 잊지 않도록 신경을 써 주십시오.

남자가 이야기하고 있는 것은 무엇에 대한 것입니까?

1 유학할 곳에서의 생활

2 외국어의 소중함

3 **귀국 후의 교육**

4 일본의 아이들

2

🔊 스크립트　Tr8-14

パーティからの<ruby>帰<rt>かえ</rt></ruby>り<ruby>道<rt>みち</rt></ruby>で、<ruby>男<rt>おとこ</rt></ruby>の<ruby>人<rt>ひと</rt></ruby>と<ruby>女<rt>おんな</rt></ruby>の<ruby>人<rt>ひと</rt></ruby>が<ruby>話<rt>はな</rt></ruby>しています。

M <ruby>楽<rt>たの</rt></ruby>しいパーティだったね。<ruby>食事<rt>しょくじ</rt></ruby>もおいしかったし。

F え～、そう？ ちょっとうるさくなかった？

M かかってた<ruby>音楽<rt>おんがく</rt></ruby>のこと？ そうかなあ、ぼくは<ruby>特<rt>とく</rt></ruby>に<ruby>気<rt>き</rt></ruby>にならなかったけど。

F だって、<ruby>向<rt>む</rt></ruby>かいの<ruby>席<rt>せき</rt></ruby>にいる<ruby>人<rt>ひと</rt></ruby>と<ruby>話<rt>はな</rt></ruby>すにしても<ruby>大声<rt>おおごえ</rt></ruby><ruby>出<rt>だ</rt></ruby>さなきゃいけなかったんだもの。

M それでも<ruby>楽<rt>たの</rt></ruby>しそうにおしゃべりしてたじゃない。

F だって、いやそうな<ruby>顔<rt>かお</rt></ruby>をしてその<ruby>場<rt>ば</rt></ruby>の<ruby>雰囲気<rt>ふんいき</rt></ruby><ruby>壊<rt>こわ</rt></ruby>したくなかったし、せっかくお<ruby>金<rt>かね</rt></ruby><ruby>払<rt>はら</rt></ruby>ってるんだ

から、できるだけ<ruby>楽<rt>たの</rt></ruby>しまなきゃって。

M そうだったんだ。ぼくはてっきりすごく<ruby>満足<rt>まんぞく</rt></ruby>してるのかと<ruby>思<rt>おも</rt></ruby>ったよ。

F <ruby>途中<rt>とちゅう</rt></ruby>でやったビンゴゲームの<ruby>司会者<rt>しかいしゃ</rt></ruby>もすごく<ruby>下手<rt>へた</rt></ruby>で、いらいらしちゃった。

M たしかに、あれはひどかったね。<ruby>君<rt>きみ</rt></ruby>が<ruby>司会<rt>しかい</rt></ruby>したほうがうまくいったんじゃない？

F それは<ruby>言<rt>い</rt></ruby>いすぎよ。

<ruby>女<rt>おんな</rt></ruby>の<ruby>人<rt>ひと</rt></ruby>はパーティがどうだったと<ruby>思<rt>おも</rt></ruby>っていますか。

1 <ruby>楽<rt>たの</rt></ruby>しかった。

2 つまらなかった。

3 うるさかった。

4 <ruby>食事<rt>しょくじ</rt></ruby>がおいしかった。

🔊 해석

파티에서 돌아오는 길에 남자와 여자가 이야기하고 있습니다.

M 즐거운 파티였어. 식사도 맛있었고.

F 에이~, 그래? 좀 시끄럽지 않았어?

M 켜 놓은 음악 말이야? 그런가? 난 별로 신경 쓰이지 않았는데.

F 하지만 맞은편 자리에 있는 사람하고 이야기하는데도 큰 소리 내야 했었어.

M 그래도 즐겁게 수다 떨었잖아.

F 그건 싫은 얼굴하면서 파티 분위기 망치고 싶지 않았으니까. 일부러 돈 낸 거니까 그만큼 즐겨야지.

M 그랬구나. 난 아주 완전히 만족하는 줄 알았어.

F 중간에 했던 빙고 게임 사회자도 너무 못해서 짜증 났어.

M 하긴, 그건 심했지. 네가 사회 보는 게 낫지 않았을까?

F 그 정도는 아니지.

여자는 파티가 어땠다고 생각하고 있습니까?

1 즐거웠다.

2 **지루했다.**

3 시끄러웠다.

4 식사가 맛있었다.

3

男の人がコンピュータの使い方を説明しています。

M せっかく作った文章が消えてしまうことほど悲しいことはありません。プログラムから出る前にしっかり保存するようにしましょう。まず、画面のこの部分をクリックしてください。するとこういうものが開きますから、名前をつけて保存というのを選んでください。すると、どのファイルに保存するか選ぶ画面が出ます。どこにしまったかはちゃんと覚えておいてくださいね。選んだらそこでファイルの名前を入力して確認ボタンを押してください。

男の人は何について話していますか。

1 ファイルの名前のつけかた
2 プログラムの終了のしかた
3 保存場所の確認のしかた
4 文章の保存のしかた

📑 해석

남자가 컴퓨터를 쓰는 방법을 설명하고 있습니다.

M 애써 만든 문장이 사라져 버리는 것만큼 슬픈 일은 없습니다. 프로그램에서 나가기 전에 확실히 저장하도록 합시다. 우선 화면의 이 부분을 클릭해 주세요. 그러면 이런 것이 열릴 테니까 이름을 붙여서 저장이라는 것을 고르세요. 그러면 어느 파일에 저장할지 고르는 화면이 나옵니다. 어디에 두었는지는 잘 기억해 두세요. 골랐다면 거기에 파일 이름을 입력해서 확인 버튼을 눌러 주세요.

남자는 무엇에 대해 이야기하고 있습니까?

1 파일 이름을 붙이는 방법
2 프로그램 종료 방법
3 저장장소 확인 방법
4 **문장의 저장 방법**

問題4 발화 표현

1

ひさしぶりに知り合いの人に会いました。何と言いますか。

1 お変わりありませんか。
2 またお会いしましたね。
3 大きくなりましたね。

📑 해석

오랜만에 지인을 만났습니다. 뭐라고 말합니까?

1 **별고없으세요?**
2 또 만났네요.
3 많이 컸네요.

2

レストランで自分の子どもが走り回っています。何と言いますか。

1 静かにしてください。
2 座らせなさい。
3 おとなしくしてなさい。

📑 해석

레스토랑에서 자신의 아이가 뛰어다니고 있습니다. 뭐라고 말합니까?

1 조용히 해주세요.
2 앉혀요.
3 **얌전히 있어.**

3

📱 스크립트 Tr8-18

友達(ともだち)が試験(しけん)に落(お)ちました。何(なん)と言(い)いますか。

1 元気(げんき)を出(だ)して。

2 おかまいなく

3 いい気味(きみ)だ。

🔊 해석

친구가 시험에 떨어졌습니다. 뭐라고 말합니까?

1 힘내.

2 신경 쓰지 마세요.

3 쌤통이다.

4

📱 스크립트 Tr8-19

お店(みせ)で出(で)てきたコーヒーが温(あたた)かくありません。
何(なん)と言(い)いますか。

1 にがいんですけど。

2 ぬるいんですけど。

3 うるさいんですけど。

🔊 해석

가게에서 나온 커피가 따뜻하지 않습니다. 뭐라고 말합니까?

1 쓴데요.

2 미지근한데요.

3 시끄러운데요.

問題5 즉시 응답

1

📱 스크립트 Tr8-20

F 道(みち)がすべりますね。

M 1 今日(きょう)は暑(あつ)いですから。

2 明日(あした)も雨(あめ)ですから。

3 昨日(きのう)は雪(ゆき)で寒(さむ)かったですから。

🔊 해석

F 길이 미끄럽네요.

M 1 오늘은 더우니까요.

2 내일도 비가 내리니까요.

3 어젯밤에 눈이 와서 추웠으니까요.

2

📱 스크립트 Tr8-21

M おい、ポチにえさは?

F 1 やっといたわよ。

2 さしあげたわよ。

3 くれたわよ。

🔊 해석

M 이봐, 포치한테 사료 줬어?

F 1 줬어.

2 드렸어.

3 받았어.

3

スクリプト Tr8-22

F 何といわれても、ルールはルールですから。

M 1 そこを何とか。

2 それでどうにか。

3 ここを何だか。

해석

F 누가 뭐라 해도 규칙은 규칙이니까요.

M 1 그걸 좀 어떻게.

2 그래서 어떻게 좀.

3 여길 어떻게 좀.

4

스크립트 Tr8-23

M おなかがぺこぺこだよ。

F 1 そこにパンがあるわよ。

2 病院にいってきたら？

3 ダイエットしなくちゃ。

해석

M 배가 고파.

F 1 거기에 빵이 있어.

2 병원에 가 보는 게 어때?

3 다이어트 해야지.

5

스크립트 Tr8-24

M じゃあ、また来年お会いしましょう。

F 1 明けましておめでとうございます。

2 よいお年を。

3 いらっしゃいませ。

해석

F 그럼, 또 내년에 봬요.

M 1 새해 복 많이 받으세요.(신년 인사)

2 새해 복 많이 받으세요.

3 어서 오세요.

6

스크립트 Tr8-25

M いやあ、しばらくですね。

F 1 おひさしぶりです。

2 お待ちください。

3 ちょっと疲れました。

해석

M 이야, 오랜만이네요.

F 1 오랜만이에요.

2 기다려 주세요.

3 좀 피곤해요.

7

🔊 **스크립트** Tr8-26

M ちょっとボリューム上^あげてくれる?

F 1 よく見^みえませんか。

2 よくわかりませんか。

3 よく聞^きこえませんか。

💡 **해석**

M 볼륨 좀 올려 줄래?

F 1 잘 안 보여요?

2 잘 모르겠어요?

3 잘 안 들려요?

8

🔊 **스크립트** Tr8-27

F あら、コンセントが抜^ぬけてたわ。

M 1 道理^{どうり}でついてるわけだ。

2 道理^{どうり}でつけないわけだ。

3 道理^{どうり}でつかないわけだ。

💡 **해석**

F 어머, 콘센트가 빠졌어.

M 1 그래서 켜져 있었구나.

2 그래서 안 켜는구나.

3 그래서 안 켜지는구나.

9

🔊 **스크립트** Tr8-28

M 部長^{ぶちょう}のことを考^{かんが}えると胸^{むね}が痛^{いた}むよ。

F 1 本当^{ほんとう}、気^きの毒^{どく}にな。

2 本当^{ほんとう}、素敵^{すてき}だよね。

3 本当^{ほんとう}、あきれるよ。

💡 **해석**

F 부장님을 생각하면 가슴이 아파.

M 1 정말, 안 됐어.

2 정말, 멋져.

3 정말, 기가 막혀.

● PART 1 실전 예상 문제

1	2	3	4	5
3	2	4	2	2

6	7	8	9	10
2	2	2	3	1

11	12	13	14	15
2	3	2	4	1

● PART 2 실전 예상 문제

1	2	3	4	5
2	1	3	3	2

6	7	8	9	10
3	4	4	4	3

11	12	13	14	
4	1	1	3	

● PART 3 실전 예상 문제

1	2	3	4	5
2	1	3	3	3

6	7	8	9	10
1	2	1	3	2

● PART 4 실전 예상 문제

1	2	3	4	5
2	3	2	1	1

6	7	8		
2	1	2		

● PART 5 실전 예상 문제

1	2	3	4	5
2	3	3	2	1

6	7	8	9	10
2	3	1	2	1

11	12	13	14	15
1	3	2	1	2

16	17	18		
2	3	3		

파이널 모의 테스트 　 정답

○ 파이널 모의테스트 1회

問題1

1	2	3	4	5	6
2	3	4	3	3	2

問題2

1	2	3	4	5	6
4	4	2	3	3	4

問題3

1	2	3
3	1	1

問題4

1	2	3	4
1	3	3	1

問題5

1	2	3	4	5
1	1	2	1	1
6	7	8	9	
3	2	3	1	

○ 파이널 모의테스트 2회

問題1

1	2	3	4	5	6
2	3	2	2	2	4

問題2

1	2	3	4	5	6
3	2	3	4	4	3

問題3

1	2	3
2	3	3

問題4

1	2	3	4
1	1	2	1

問題5

1	2	3	4	5
3	2	1	2	1
6	7	8	9	
2	1	2	2	

○ 파이널 모의테스트 3회

問題1

1	2	3	4	5	6
2	1	2	2	3	1

問題2

1	2	3	4	5	6
3	3	4	1	2	2

問題3

1	2	3
3	2	4

問題4

1	2	3	4
1	3	1	2

問題5

1	2	3	4	5
3	1	1	1	2
6	7	8	9	
1	3	3	1